RETIREMENT ACTIVITY BOOK

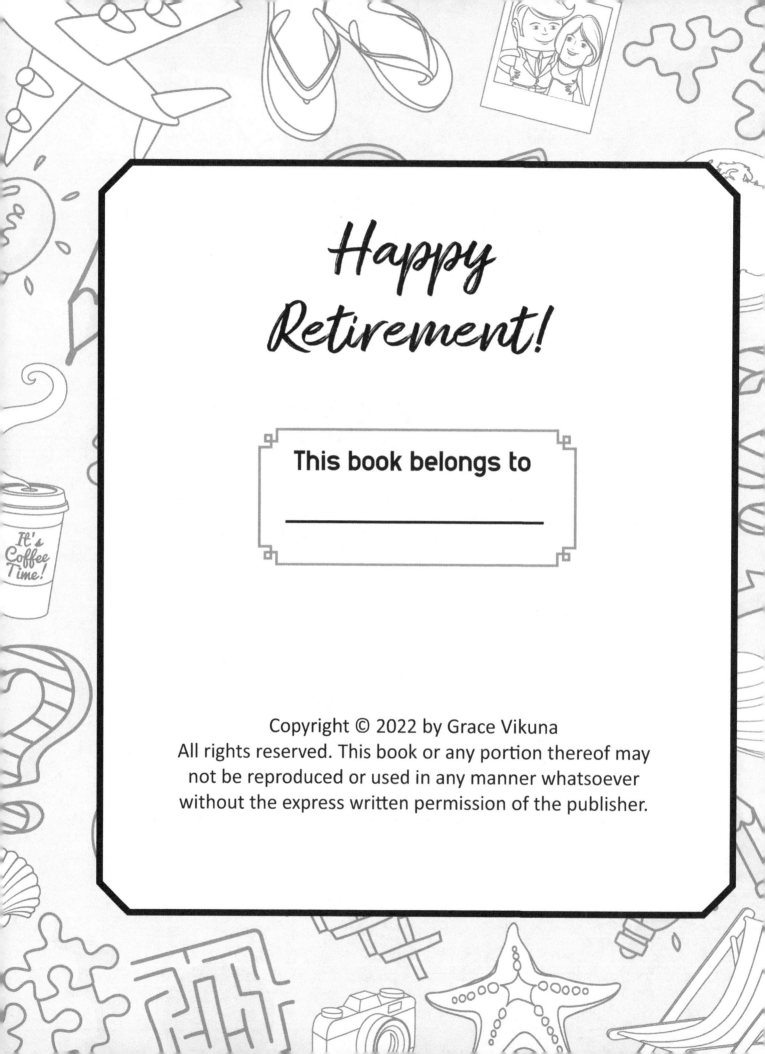

Happy Retirement!

This book belongs to

_____

CONTAINS HOURS OF ENTERTAINING PUZZLES:

Word Searches
Cryptograms
From the Top
Trivia questions
Find the Difference
Mazes
ABC Path
Tic Tac Logic
Sudoku
Solutions

#1 Relishing Pickleball

```
K J I W L F I R S T S E R V E G
A F B N P O I N T S V K B F U Q
X G E C I V R E S J K B A V B U
B D N O C E S C C P Y A L P E R
C R O S S C O U R T G O A M P E
D G N I S S A P O D M T Z A Y O
T E K I T C H E N F I Z D E M S
O X A T R E D N I H D D L P I C
H L Y D A R S U E I L L F D A C
S I U W B C F L N E O F E W S R
P N D T O A B K T V M O M M R G
O E C R G U L L Y U U A F A N T
R C E Q O X U L R T J B L D L F
D A T D F A M D R X S L R T C U
M L Y T F N D X A H Y C L M M T
C L G G B C J Q C I Z K F H J Y
```

CARRY	CROSS COURT	DEAD BALL
DINK	DOUBLE HIT	DROP SHOT
FAULT	FIRST SERVE	HINDER
KITCHEN	LINE CALL	PADDLE
PASSING	POINTS	RALLY
REPLAY	SCORE	SECOND
SERVICE	SIDE OUT	VOLLEY

#2 Gone Fishing

```
O J A Q E R H N I F W O L L E Y
T Q F U K I N G F I S H X T H B
C E B Y C I N I A T P A C A B T
E B L U E F I S H X Z J D C Q P
R E V M U R D D E R G W B K S K
O Y R H S I F N O B B I R L C C
H W L O O H I X Q X Z F V E H A
S W J U H F N I L R A M D R A J
F T W C T S O A B S R G M K R R
F C S Q O M N F U Z O A N M T E
O O O B O C K I H T C F N W E B
I O S K H C D U U K F L C C R M
A K F H A N R A E K E E P E R A
I I X T W U T R T I L E F I S H
Y E M C D A E H S P E E H S O W
M R F C X L E G E M Z D T R H Q
```

AMBERJACK	BLUEFISH	CAPTAIN
CHARTER	COOKIER	INSHORE
KEEPER	KINGFISH	MACKEREL
MARLIN	OFFSHORE	RED DRUM
RIBBONFISH	SHEEPSHEAD	TACKLE
TAUTOG	TILEFISH	WAHOO
YELLOWFIN		

5

#3 Tee Time

```
O G A B K Y C A M B E R E D E W
C E U E M H H B R Z Z E P B G E
S E X K I H O E D G C P O E N Q
S A V P M A L P T U T G R Z I Q
O C L T L E P N E G E C N E W S
R W G E A O Y O S Y N D A J S F
T O P S S L S L F K M G J S K R
A B E R Y O C I F E L Y C S C I
B F O U O M H U O E S E J A A E
L S O B P U D P F N A T L U B D
A T V G B D G B F T N C G X I E
C E P C U I V H A X U J I T B G
B U N K E R N L N T P D K B Z G
T I K G S J A G T Y M C S G E N
D D O L Y B Y A W R I A F U U G
O R R E G N I W S R T S B N F W
```

ALBATROSS BACKSWING BALATA
BOBBING   BOGEY   BUNKER
CALCUTTA   CAMBERED EAGLE
EXPLOSION   FAIRWAY   FRIED EGG
HOSEL   OFFSET   RELEASE
ROUGH   SWINGER

#4 Seas the Day - Cruising

```
G G H O O C C U P A N C Y J R E
Q E Y H G O A C C J P Q D E O K
M E N W A G P E F T T B G J R G
D R K I M X J N P F I N S A C J
D F K S B J R O A I E T B J F Q
E Y S D L Y E T O S A M F V H I
N T D R I T K E S T E N L M U E
G U B A N L M A E M U I R T A X
I D L O G A P R T B M A U I W C
S A I B Y Y O G A X S F P L W U
S R D N K O Z H B Q G R E D N R
A B O O M L J C E S I E Y R D S
F U N I C U L A R Q W P E S S I
R Q U C A D L M L A B T R F H O
F U S R E S I U R C S Q O C M N
G Y D Z D H W K E F J G U V P R
```

AFT
CENOTE
EMBARK
GAMBLING
LOYALTY
PASSENGER
STERN

ASSIGNED
CRUISER
EXCURSION
LEEWARK
OCCUPANCY
REBATES

ATRIUM
DUTY FREE
FUNICULAR
LIDO
ONBOARD
STATEROOM

#5 RV There Yet?

```
B F Q R O A D T R I P O T U T E
R B X Q Q V Y S Z I R N S Z Z S
L L U W D V X K P A P E L T O L
Y Y B N N O J C X H K Y I K A I
A R L D K E T A V A Q H J V B D
A E A Y T H R J R K C A P A F E
U T C L U D O B O T Q G S S I O
X T K L S E T U I X R E R R B U
I A W E I S G H S C M N E X R T
L B A B S A T L D E Y E D Y E S
I L T R S B O E N T E R N A A R
A C E E A L W T X T L A E S K T
R Y R D H E I X K E L T K V A F
Y T F N C E N D N N A O E U W P
G W K U J H G O Y I G R E K A Q
O T B X Z W W M S D H B W D Y X
```

AUXILIARY	BASEMENT	BATTERY
BLACK WATER	BRAKES	BREAKAWAY
BUNKHOUSE	CHASSIS	DINETTE
GALLEY	GENERATOR	HITCH
JACKS	ROAD TRIP	SLIDE OUTS
TOWING	UNDERBELLY	WEEKENDER
WHEEL BASE		

#6 Is there a Senior Discount?

```
J  K  T  E  P  E  S  U  O  H  T  R  A  H  C  R
F  M  K  D  P  O  N  E  E  U  Q  Y  R  I  A  D
B  J  P  P  C  N  N  A  B  O  N  E  F  I  S  H
J  R  M  T  W  O  P  D  W  M  R  L  C  J  L  I
F  F  L  E  S  U  O  H  E  L  F  F  A  W  O  S
S  S  C  L  L  E  A  B  N  R  M  I  S  U  O  M
E  B  V  Y  F  N  K  V  D  C  O  B  K  O  E  W
E  O  U  T  B  A  C  K  Y  P  P  S  N  T  G  K
B  E  M  E  R  K  Y  P  S  I  R  K  A  Q  G  I
E  K  Q  I  Z  T  A  C  O  B  E  L  L  M  X  U
L  W  M  R  S  F  I  E  L  D  S  V  D  S  Z  L
P  Q  M  C  D  O  N  A  L  D  S  F  R  J  M  Q
P  R  K  X  T  D  I  K  C  I  M  R  O  C  C  M
A  E  T  K  H  B  A  S  H  A  R  D  E  E  S  Q
B  X  N  G  C  A  P  T  A  I  N  D  M  N  M  L
H  A  D  F  A  P  A  P  A  J  O  H  N  S  T  E
```

APPLEBEES   BONEFISH   CAPTAIN D
CHART HOUSE   DAIRY QUEEN   HARDEES
KRISPY KREME   MCCORMICK   MCDONALDS
MRS FIELDS   OUTBACK   PAPA JOHNS
PONDEROSA   TACO BELL   WAFFLE HOUSE
WENDYS

#7 Measure Twice, Cut Once

```
N L H B D M K O N J L B K Z Z J
V Y A Z O R A P V U F C Z G B C
U Y L M O X Y M M R R Q C J C K
Y L D B I W J B P O R P X O N H
X I R O U N E O S E M Y S I B R
O A I R O R A S I A R A N N A U
P T S L E W C T L N N E N T C B
E E J C Z U S C E D T Z A E K U
L V L I T Y A S E T N E N R S I
T O J N G T G R A E T O F N A L
A D X S E S T B L B T W O I W D
A O X L R J A U F E Y I J T Y U
Z Z L E W T R W C A D S U N L P
E O Z C N R K A L W Z O I U W N
C N Y T E E F N U K H R S M T F
H E Q F T C I X Z A S F J K Z H
```

ACETONE	AMPERE	ARBOR
BACKSAW	BASSWOOD	BATTEN
BOX JOINT	BUILDUP	CLAMP
COLLET	CROSSCUT	DOVETAIL
EPOXY	FERRULE	INLAY
JIGSAW	JOINTER	LAMINATE
LUMBER	MUNTIN	SANDER

It's Coffee Time!

#8 Nap Time

```
K Z Q S L E E P A P N E A V J P
J Y S W O R D X Z I A D E Q F I
C E T P O N K J N D O Z I N G Y
C P Q B Y S P E L O C R A N P A
O T A B N O A I N M O S N I J N
M N G P Y K A H L S M V D Z P H
A A N Z C C A T L L X U L G K A
T M E T Q M W O S D O W S G Y M
O R P O M X T G S E U W L A B M
S O V O P H T C A K I C U Z H O
E D C S L E E P Y Z H S M O U C
V K Y N A I D A C R I C B E G K
G L U B S N O O Z E A I E T H D
G N I S O P E R L E W Q R Q R M
F E L G N I T S E R N H M I P R
C H R O N O T H E R A P Y C P Z
```

CHRONOTHERAPY   CIRCADIAN   COMATOSE
CPAP   DORMANT   DOZING
DROWSY   HAMMOCK   INSOMNIA
NARCOLEPSY   PILLOW   REPOSING
RESTING   SIESTA   SLEEP APNEA
SLEEPY   SLOTH   SLUMBER
SNOOZE

11

#9 The Artist in me

```
T G N I V A R G N E C F H V H S
A G Y E C K B X I E C E W P C N
D A O D X N N X A S C A O U E A
L L L A Z L H S A E G R L T R O
I L Q H S S E I I R T P C V B F
G E R S U L Y P A R T H D L E T
H R Y R I O R I A U I I X Q S O
T Y B M R E E I R N E M S F C P
F T F K T N T E G Z L X C T I A
R Z C S L E T S A P A W A S M I
C Z A E Y W O W K U C K N K A N
B M K K T L P X Q T S S V E R T
L O P E P A C S A E S C A T E I
U D Z K X D R A W I N G S C C N
R E U J A M O S A I C J J H D G
D L N W O M J S T C A R T S B A
```

ABSTRACT	ARTIST	BRUSH
CANVAS	CERAMICS	DRAWING
EASEL	ENGRAVING	ETCHING
GALLERY	LIGHT	MASTERPIECE
MODEL	MOSAIC	PAINTING
PASTEL	PORTRAIT	POTTERY
SCALE	SCULPTURE	SEASCAPE
SHADE	SKETCH	

#10 Grandkids

```
W Q M A A L C S L P Q W Q U E W
P F H X T A F M A Y R O S X Q A
O Y S H O U I P O C Q O E N V U
C E D D R G I B K D N N M H I Q
H E B W N H J D Y E S L G I Q K
I H E I S T T K G U K I M S S Z
L B I N D E Y P T R K L W T J E
D V I T C R Y G E N E A L O G Y
C K L O V E W O R G H O Y R Q X
A U D E L A N R E T A M J Y Z I
R D S K P A T E R N A L C P T M
E A P T R A E H N C Y T A E R G
O X S Z L I O P S E L I M S Y X
Z N W S G N I H C A E T I A G J
N B N E T I R O V A F U U H U M
K P K Y T I S Y B A B Q A X T Z
```

BABYSIT	CHILDCARE	FAVORITE
GENEALOGY	GREAT	GROW
HEART	HISTORY	KINSHIP
LAUGHTER	LOVE	MATERNAL
PATERNAL	PROMISE	SMILE
SPOIL	TEACHING	WISDOM

#11 Curling up with A Good Book

```
N C H Q E Q A Y R O H P A T E M
A H K C D V N A R H R K H J D D
R A C P P O I U A L L E G O R Y
R R A S R J B T Y M Y N O T E M
A A B I X E E H A E U Q M U Y H
T C H K V A O O G R J X N T E H
O T S Q R W M R B X U O D L O L
R E A D F Q N I Y Y A G B S D W
V R L O W A O D L G F A I G L G
M P F N W J I O Y C F N F F I E
Z J A I S A T N I N R H P Z G Z
Y H E R L C C V C O N F L I C T
T X S O A Y I V E U T W G P O J
E O G H W B F O R E S H A D O W
Q U F Z X Q L H Y P E R B O L E
E N O I T A R E T I L L A T F A
```

ALLEGORY	ALLITERATION	AUTHOR
CHARACTER	CLIMAX	CONFLICT
DIALOGUE	FABLE	FICTION
FIGURATIVE	FLASHBACK	FORESHADOW
HYPERBOLE	IRONY	METAPHOR
METONYMY	NARRATOR	PARABLE

#12 Grilling

```
G Y V F L B B R I S K E T T S V
N T E N U H R G U B N B K J A J
I L E N G E F B A R B E C U E J
S A B K M O H U F I D E E D X B
I O Q A S I K P X N I H T D K R
A C N X R A H O B E F G A C X O
R R E D E B B C B B P N N Y W C
B A P D A E A R S K O V I K H H
U H J U R J I C N R P B R U Z E
L C O I E Q S M O K E R A F P T
O Q F Z U R N K L A H W M K U T
V B S E O R A I N D I R E C T E
C Z T A T O N L F I P V J K I S
Y T B W J S A O F P G Q Y C S V
E G H W B F A E Z I R E D N E T
C V E A I K K B L Y T U T S F K
```

BARBACOA   BARBECUE   BASKET
BASTE   BRAISING   BRINE
BRIQUETTE   BRISKET   BROCHETTE
CHARCOAL   CHIMNEY   FIREBOX
FLARE UP   INDIRECT   KABOB
MARINATE   SKEWER   SMOKER
TENDERIZE

#13 Memories

```
O T Z O T R C T M Y S M L K U N
E R P Z U A Z R O S X Z S Z U Y
I E H R Q Y H O L U S T O A T G
C B T S F M C P R T R C U E K O
V M F E F L O H F W I E V R N L
S E A C J T A Y B K O L E E O O
I M T N N L V S L O M F N F I N
S E U E L Y I O H W E E I L T O
E R M I H L M F T B M R R E C R
N E Q R L K A R E X A N L C E H
M X T E M Y A C Z S J C F T L C
A M R P F L Y Q E S T G K I L B
N U B X H U H X Y R V O U O O F
A B N E E K A S P E E K R N C L
X L P T C S T D R Q H L D Y E N
P A N R A L O P H O T O S X R F
```

ALBUM   ANAMNESIS   CHRONOLOGY
EXPERIENCES   FLASHBACK   KEEPSAKE
LIFE STORY   MEMENTO   MEMOIR
PHOTOS   RECALL   RECOLLECTION
REFLECT   REFLECTION   REMEMBER
SOUVENIR   TROPHY

#14 Staying Fit

```
V E U Q I S Y H P B I C E P S O
P C T B A R B E L L H J Q R T K
E J D S P U H S U P T T S W S Y
C R O B D D J I B I L H E L W V
T Q I S I F B G Z W A D L M I E
O R T P O A N W W P E G C S M S
R T R E T T C T O R H G S C M I
A R A C L H T B R M T A U I I C
L O I I E L A A K L J T M B N R
L P N R D E S L O E S E Q O G E
S S E T W T R A U W K I N R H X
W A R O H I I N T I X D S E Z E
J F F G I C Z C B I E P F A O C
A N I K J S L E S S E N T I F P
M E D B G N I N N U R M X N O F
W Z G N I G G O J J F C G J Y M
```

AEROBICS   ATHLETICS   BALANCE
BARBELL   BICEPS   BIKE
DELTOID   DIET   EXERCISE
FITNESS   HEALTH   JOGGING
MUSCLES   PECTORAL   PHYSIQUE
PUSH UPS   RUNNING   SPORT
SWIMMING   TRAINER   TRICEPS
WEIGHTS   WORKOUT

#15 Healthy Eating

```
I V I L O C C O R B K W X M R A
Q W I F O R G A R L I C R E G U
Y I A A H U W M F A Q R E A I Y
A L F L T P G P T Q O W G T E R
A D Y W N H G H U F F N N M V R
C B Q B A U W A R Y L Y I P I E
G R T R R M T B M G A O G U E B
S I K H A L D S E R X G M R Q E
D F J O M F I Y R E S U A E J U
A E V I A H S O I E E R I O G L
W K E D D A I B C N E T E T V B
Z I C W L D X U Z T D Y L B G X
K G A M A D W L X E D D A K I D
L T O R M E O G I A C Q K S A C
L N P F H H S U O D A C O V A M
U D Z S M O O R H S U M X S Y J
```

AMARANTH   AVOCADO   BLUEBERRY

BROCCOLI   BULGUR   FLAXSEED

GARLIC   GINGER   GREEN TEA

KALE   KEFIR   MUSHROOMS

QUINOA   SALMON   SEAWEED

TURMERIC   WALNUTS   YOGURT

#16 Cooking Class

```
E P R E P A R E K W X N X I C O
B A X H E A L T H Y L A S E F C
U G E Z A L G E D E L T T M L O
H N R Q T M I Y B D I A F A Z L
G Q P I C F D M E R N R R O Y F
A A W H L U A N F I Q I E X H R
X M R C M L T R R B F O O M Q I
Z Z G N F E Y A R Y J F P O H C
S G E A I Q M O E K A B K X P A
D E Z L F S I A U V E D B N E S
U K A B C L H V U L T R U S S S
V H F S S A L X Y G S V Y O C E
T A L R O L I Z P S A U Z F K E
J O U B Y N O Z F E B Z W L H D
J B Q I B Q B H V P E T U A S Y
J B A R B E C U E P A R B O I L
```

AL DENTE	BAKE	BARBECUE
BASTE	BLANCH	BOIL
BROIL	CHOP	CLARIFY
DEGLAZE	FLAMBE	FRICASSEE
FRY	GARNISH	GRILL
HEALTHY	MARINATE	PARBOIL
PREPARE	SAUTE	SEASON
STIR FRY	TRUSS	

#17 Photography

```
A M L S T S U G I P M W Q F G L
O N I P B X O N T I D N C N N I
D O A G A C F I A Y E O O H I S
U I K R N L D R E G H I N T M D
O T S S E I E E B W S T V U O Q
A A Z T T T T T R R F U E U O S
P R I H O S E E T F V L R F L M
E R S J E R I M K E X O T S B P
R E U U K X T H I C J S E T L I
T B G F C E P I E R A E R O F X
U A X D L O D O O C O R O P K E
R W U U L A F O S N N L B E K L
E S U C O F S O I U X A O Q B S
O B I L D D H H T D R H L C X M
D I F P E W I X I U R E I A T V
Q E T G N I S A I L A O S M B T
```

ABERRATION   ALIASING   APERTURE
AUTOFOCUS   BALANCE   BLOOMING
BRACKETING   COLORIMETER   CONVERTER
DIODE   DISTORTION   EXPOSURE
F STOP   FLASH   FOCUS
METERING   PALETTE   PIXELS
RESOLUTION

#18 Card Games

```
O K Z L E G D I R B C O Z L P K
Q H E G U A E L E U S I S O R N
S E X R G L P B F E V Z K Z N E
B P L E H F U O B G A E S N E V
W R W T S C A V C O R T I H S Y
L E T R U C U L F S I E S I P S
C O D U A I G E O H C M X L A I
I A M M Q E G I N C C A S P N Y
I T L M Q I P A W M S T P V H P
M S B Y I Q Y M J S R I I B C O
P A L S N O O P S A E F R P S V
W N D P O K G O E T L D R B Y V
T A P I N O C H L E Y B A H N K
L C C R I B B A G E U J I P K R
Y E T E U Q I P A L A C E E S G
M N D S Z H I I Q A R F N G Z F
```

BRIDGE	BRISCOLA	CANASTA
CRIBBAGE	ELEUSIS	EUCHRE
GIN	HEARTS	LE TRUC
PALACE	PINOCHLE	PIQUET
PITCH	POKER	RUMMY
SCHNAPSEN	SCOPA	SPADES
SPOONS	ZETEMA	

#19 My European Vacation

```
M G R M O N A C O M K J T K F Q
A H I B U D A P E S T P C W L T
D F T Q C A W O N D W U N B M L
R T A L B Q C I O Q E C V I Q S
E B F E E D M J Y A Z V Q G S O
T B R X I I N C N I A R T M L T
S N Q R P I P B N R J Y P L E K
M O D C L N T K W L D A R Q S B
A A N R I S L J U K R I E X S R
M M E L D T I J V I E N N A U R
G B B C V E S N S B S M U B R T
C U W M D K B R T W D D I G B V
D N H Q P C O I K N I S L E H V
J M Y S K I N L S J S X J G Q T
Y E P D V T I J Z D E K C A P J
K N O D N O L V G Q P L A N E M
```

AMSTERDAM   BERLIN   BERN
BRUSSELS   BUDAPEST   DUBLIN
HELSINKI   LISBON   LONDON
MADRID   MINSK   MONACO
PACKED   PARIS   PLANE
TICKETS   TRAIN   VIENNA

#20 Beach Please

```
S G J D Z B E A C H B A L L N H
P H J N E E R C S N U S I E O D
E Q G T S A N D U B K J F D H L
E E T B O R H Q R U V L E A L Q
D O L R O W V S F C L N G P Z X
B G Y T U O E U B K H J U S N X
O N P E S N K L O E U A A N B X
A P Y K R A K S A T P K R Q C X
T E N Z I P C S R S G X D I A L
D B I I L C E K D N Z G N Q P U
M B N N H L E K L W Z C H L U A
U L I F Y P E C S X I Z W N T O
P E K A Z G L H R P M W L A W F
S E I S T S L O S E H E P U M R
J K B U U N C S D C A Z C D S Q
Y S U N G L A S S E S M H H I M
```

BEACHBALL   BIKINI   BOOK
BUCKET   CASTLE   DOLPHIN
ICE CREAM   LIFEGUARD   PEBBLE
PICNIC   SAND   SHELL
SPADE   SPEED BOAT   SUN GLASSES
SUNSCREEN   SURF BOARD   TOWEL
TRUNKS

CRYPTOGRAM INSTRUCTIONS

A cryptogram is a substitution puzzle where letters of the alphabet are being replaced by other letters.

CRYPTOGRAM SOLVING HINTS

Consider letter frequency. Typically, the most common letters used in English are: E, T, A, O, I, and N. These will be the letters you are most likely to find in most cryptograms.

Solve any single letter words first. In English the only single letter words are A and I. Look for contractions and possessives.

Look for common, small words next. The most commonly used words in the English language in order of frequency are: the, of, and, to, in, a, is, that, be, it, by, are, for, was, as, he, with, on, his, at, which, but, from, has, this, will, one, have, not, were, or, all, their, an, I, there, been, many, more, so, when, had, may.

Puzzle #1

A	B	C	D	E	F	G	H	I	J	K	L	M	N	O	P	Q	R	S	T	U	V	W	X	Y	Z

_ _ _ _ _ _ _ _ _ _   _ _   _   _ _ _ _

D J W B D J V J R W   B G   N   C M N R S

_ _ _ _ _ _ _   _ _   _ _ _ _

P I N A W J D   B R   O H Z D

_ _ _ _ _ _ _ _ _ _ _ _

N Z W H C B H Q D N A I O

25

Puzzle #2

A	B	C	D	E	F	G	H	I	J	K	L	M	N	O	P	Q	R	S	T	U	V	W	X	Y	Z

_ _ _ _ _ _ _ _ _   '
Z U L Y Z U D U H L   Y V H L   C Y B U

_ _ _ _ _ _ _   _ _ _ _ _ _   _ _   _ _
X Y L W I T L   P T Z P I V U   Y L   Y V

_ _ _   _ _ _ _   _ _   _ _ _ _ _
L W U   L Y D U   L I   P T Z V T U

_ _ _ _ _ _
D U O H Y H K

Puzzle #3

A	B	C	D	E	F	G	H	I	J	K	L	M	N	O	P	Q	R	S	T	U	V	W	X	Y	Z

_ _ _ _ _ _ _ _ _   _ _   _ _ _   _ _ _ _
J U F X J U E U M F   X C   F Y U   F X E U

_ _   _ _ _ _ _   _ _ _ _   _ _ _ _ _ _
F K   T K B B K N   P K H J   Z J U S E C

Puzzle #4

A	B	C	D	E	F	G	H	I	J	K	L	M	N	O	P	Q	R	S	T	U	V	W	X	Y	Z

U P Q   T J A E I R U K J E   J T   R

W J J I   V Q U K V Q G Q E U   K L

F Z R E E K E W

Puzzle #5

A	B	C	D	E	F	G	H	I	J	K	L	M	N	O	P	Q	R	S	T	U	V	W	X	Y	Z

X G   J P D   G S S E   K P P   J P D N R

K P   Z S K X Z S   U P N R Z L K D E L K X P N M

Puzzle #6

A	B	C	D	E	F	G	H	I	J	K	L	M	N	O	P	Q	R	S	T	U	V	W	X	Y	Z

_ _ _ _ _ _ _ _ _ _   _ _   _ _ _ _ _ _ _ _
F J C Y F J G J H C   Y E   M R H K J F L Z D

      ,
_ _ _   _ _ _ _ _   _ _ _ _ _ _
Y C E   K R Y H W   H R C X Y H W

_ _ _ _ _ _   _ _ _ _ _ _ _   _ _ _ _
M Y C X R Z C   M R F F N Y H W   A P R Z C

_ _ _ _ _ _ _   _ _ _ _ _ _   _ _   _ _
W J C C Y H W   Q A Z W X C   A C   Y C

Puzzle #7

A	B	C	D	E	F	G	H	I	J	K	L	M	N	O	P	Q	R	S	T	U	V	W	X	Y	Z

P G L L T R P   Q H V   E G G F E   L Q   S G

L K G   Q R H J   C I C T H C S H G   X C J

L Q   H T I G   C   H Q R P   H T M G

Puzzle #8

A	B	C	D	E	F	G	H	I	J	K	L	M	N	O	P	Q	R	S	T	U	V	W	X	Y	Z

M X O Q M X B X T O   Q S   P H W Q T V   R C

Q T   O G X   B A M T Q T V   P Q O G

T A O G Q T V   O A   J A   H T J   L K

L X J O Q B X   A T Y K   G H D Q T V   G H Y F

A F   Q O   J A T X

Puzzle #9

A	B	C	D	E	F	G	H	I	J	K	L	M	N	O	P	Q	R	S	T	U	V	W	X	Y	Z

__ __   __ __ __ __ __ __   __   __ __ __ __   __
P Y   A P G D H I   Z   O S K I   S

__ __ __ __ __ __ __ __ __   __ __ __ __   __   __ __ __ __
D I J Z D I V I E J   R T S E   Z   R T S E

__ __   __ __ __ __   __ __ __ __ __ __ __ __ __ __
J P   R T S Q   R Z A U T I F S T T

Puzzle #10

A	B	C	D	E	F	G	H	I	J	K	L	M	N	O	P	Q	R	S	T	U	V	W	X	Y	Z

__ __ __   __ __ __ __   __ __ __ __ __ __   __ __ __ __
D Z V   K E P U   G C K A P V B   F Q D Z

__ __ __ __ __ __ __ __ __   __ __   __ __ __ __   __ __ __
C V D Q C V B V E D   Q H   D Z N D   U K L

__ __ __ __ __   __ __ __   __   __ __ __   __ __ __
E V O V C   X V D   N   I N U   K J J

Puzzle #11

A	B	C	D	E	F	G	H	I	J	K	L	M	N	O	P	Q	R	S	T	U	V	W	X	Y	Z

F V D M F V B   B A M N T   X Y Z D   M

X Z N D   X Y V N   M   X Z N D

Puzzle #12

A	B	C	D	E	F	G	H	I	J	K	L	M	N	O	P	Q	R	S	T	U	V	W	X	Y	Z

T P T A X   B U X   L F   T Q R H S X T T

U R R A T C L U K L S E   B U X

Puzzle #13

A	B	C	D	E	F	G	H	I	J	K	L	M	N	O	P	Q	R	S	T	U	V	W	X	Y	Z

C J H M   H M   C J E   V E K H O O H O K

S Q   T O A C J H O K   A S X   G T O C

Puzzle #14

A	B	C	D	E	F	G	H	I	J	K	L	M	N	O	P	Q	R	S	T	U	V	W	X	Y	Z

I R C N I R P R X C   N T   X G C   C E R

R X A ,   N C T   C E R   W R B N X X N X B

Puzzle #15

A	B	C	D	E	F	G	H	I	J	K	L	M	N	O	P	Q	R	S	T	U	V	W	X	Y	Z

‚

_ _ _   _ _ _ _   _ _ _ _ _ _   _ _ _ _
H B U   E W Q I   J P I O J P   X J B S

_ _ _ _ _   _ _ _ _ _ _ _
G P O Q L   W S W V O Q L

Puzzle #16

A	B	C	D	E	F	G	H	I	J	K	L	M	N	O	P	Q	R	S	T	U	V	W	X	Y	Z

_ _ _ _   _ _   _ _ _   _ _ _ _
A C J M   Z N   X N U   T J H H

_ _ _ _ _ _   _ _ _   _ _   _ _ _ _   _ _
L N E F N Y F   A C N   D L   C J G G X   N Y

_ _ _ _ _ _ ?   _ _ _ _ _ _ _
E N Y Z J X   S F M D S F Z

Puzzle #17

A	B	C	D	E	F	G	H	I	J	K	L	M	N	O	P	Q	R	S	T	U	V	W	X	Y	Z

___ ___ ___ ___ ___ ___ ___ ___ ___ ___   ___ ___ ___ ___ ___   ___ ___ ___   ___ ___ ___

W I T R W I N I Y T   T B L I K   B C C   T G I

___ ___ ___   ___ ___ ___   ___ ___   ___ ___ ___ ___ ___ ___ ___

E O Y   P O T   P E   S I I L I Y V K

Puzzle #18

A	B	C	D	E	F	G	H	I	J	K	L	M	N	O	P	Q	R	S	T	U	V	W	X	Y	Z

___ ___ ___ ___ ___ ___ ___ .   ___ ___ ___ ___ ___   ___ ___ ___ ___ ___ ___ ___ ___ ___

K V Y T K V J   X O G D R   V Z V K A Y S T O F

___ ___ ___   ___ ___ ___   ___ ___ ___ ___ ___ ___   ___ ___   ___ ___ ___ ___

M O J   S M R   U Q V O Y A   G N   Y T L V

___ ___   ___ ___ ___ ___   ___ ___ ___   ___ ___ ___ ___ ___   ___ ___

Y G   Y V Q Q   A G B   M P G B Y   T Y

Puzzle #19

A	B	C	D	E	F	G	H	I	J	K	L	M	N	O	P	Q	R	S	T	U	V	W	X	Y	Z

E B Z S E B R B D Z R B T D U V W X

M T G B I H B D Z V W K Z S R B K W E

D B N T C G B D Z X E B U

Puzzle #20

A	B	C	D	E	F	G	H	I	J	K	L	M	N	O	P	Q	R	S	T	U	V	W	X	Y	Z

G B Y H G B J B Q Y H W V I B Q K F C

W Y F S A H L H Q E M Y V F G P M Q D

W Y M G Y A H L H Q E M Y V F G P H Q E

Puzzle #21

A	B	C	D	E	F	G	H	I	J	K	L	M	N	O	P	Q	R	S	T	U	V	W	X	Y	Z

B F Z M Z   Q J   S Z C Z M   Z S K I A F

B Q R Z   B K   W K   H P P   K U   B F Z

S K B F Q S A   B F H B   E K I   L H S B

Puzzle #22

A	B	C	D	E	F	G	H	I	J	K	L	M	N	O	P	Q	R	S	T	U	V	W	X	Y	Z

U H L W E A   H T H N Z   N H C W N H A   R K E

W Q   K   D M R K E   D W Q L W E S   L H

D M Y G A   S M   U K J I   C M   D M N I

Puzzle #23

A	B	C	D	E	F	G	H	I	J	K	L	M	N	O	P	Q	R	S	T	U	V	W	X	Y	Z

J U   H L V U   L O   L H L P T O Q   A T I U

C S   J Y L W   J U   Q T M U   O E W

J Y L W   J U   Q U W

Puzzle #24

A	B	C	D	E	F	G	H	I	J	K	L	M	N	O	P	Q	R	S	T	U	V	W	X	Y	Z

F T N   V H T T H J   T X   G F I H   J F Z R

T R U M   T X   B F H   J F Z R

Puzzle #25

A	B	C	D	E	F	G	H	I	J	K	L	M	N	O	P	Q	R	S	T	U	V	W	X	Y	Z

_ _ _ _ ,

_ _ _ _   _ _ _ _   _ _ _ _   _ _ _
Y W S F   F P M J   K R Q J   F W W

_ _ _ _ _ _ _ ;   _ _ _ _ ,   _ _ _ _ _
D J X R W H D K O   O W H K K   S J I J X

_ _ _   _ _ _   _ _   _ _   _ _ _ _
L J F   W H F   W Q   R F   P K R I J

39

FROM THE TOP!

#1

Match the structure on the left with the matching top view on the right

1 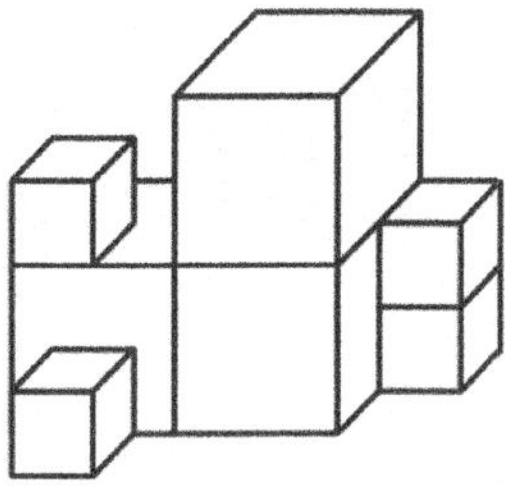

A 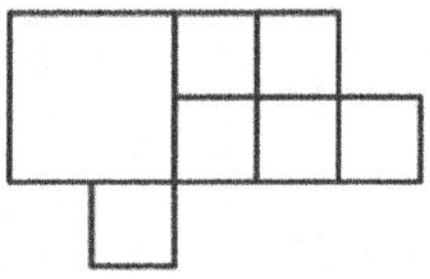

2 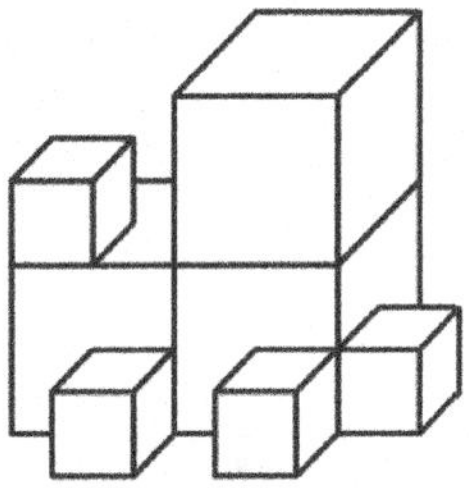

B 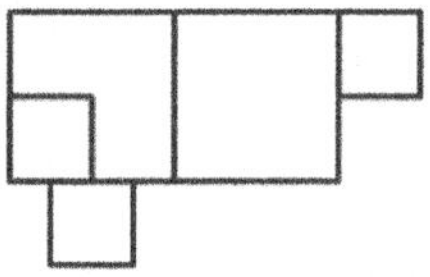

3 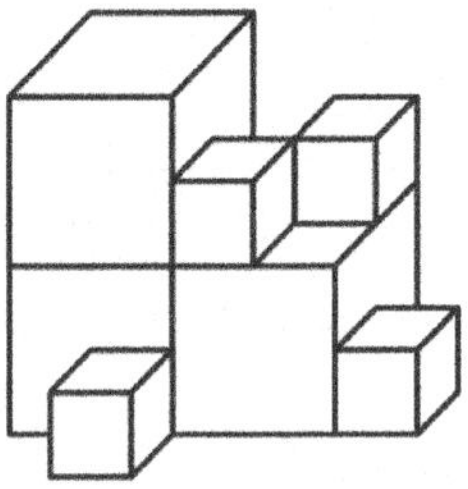

C 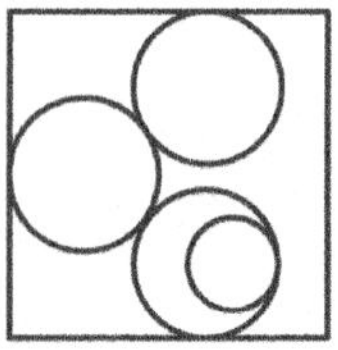

4 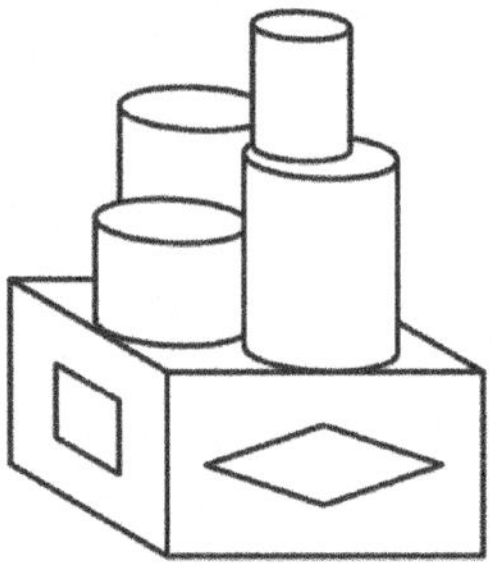

D 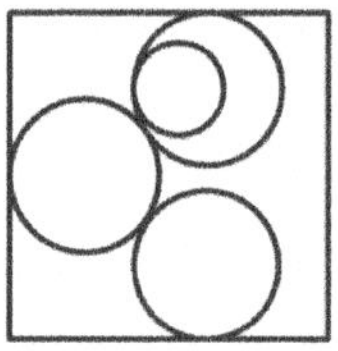

5 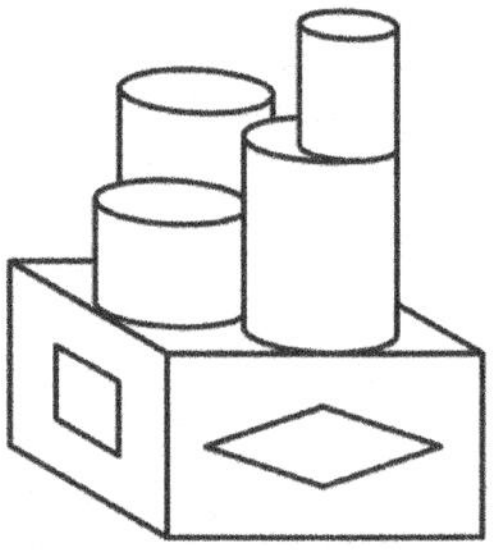

E 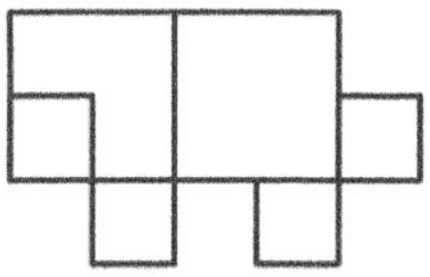

6 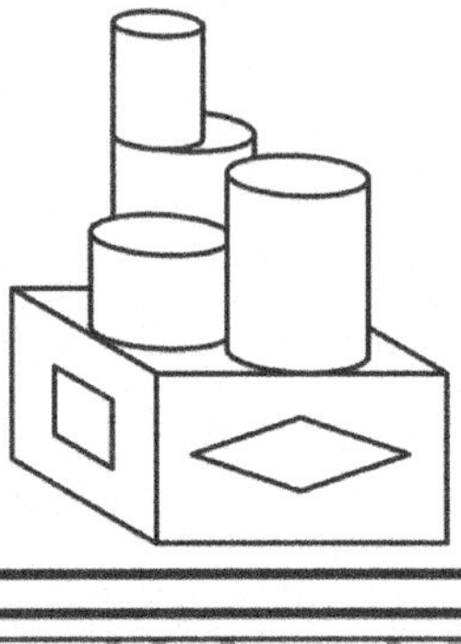

F 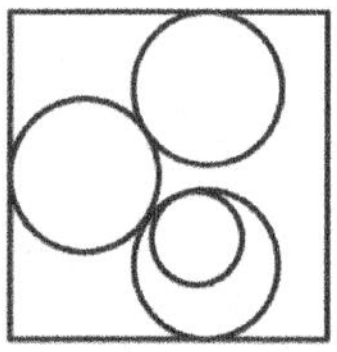

FROM THE TOP!

Match the structure on the left with the matching top view on the right

#2

1

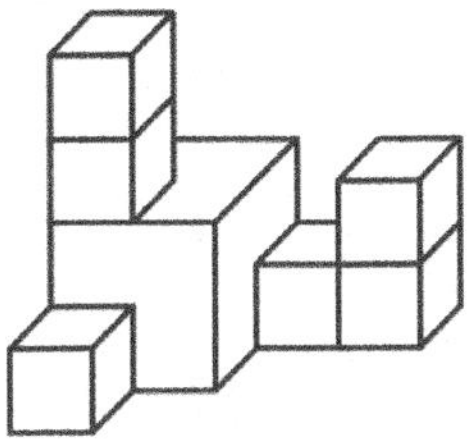

A

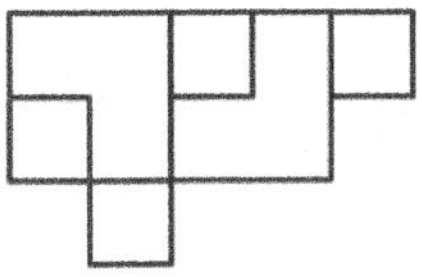

2

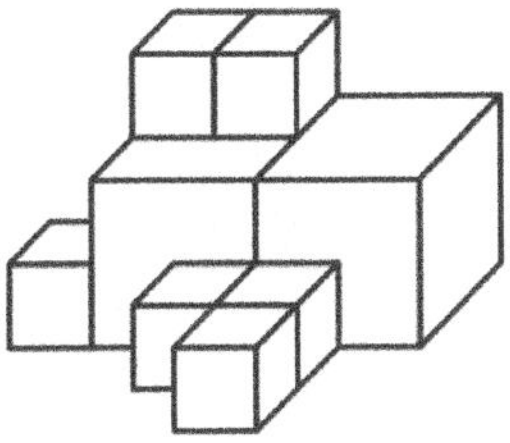

B

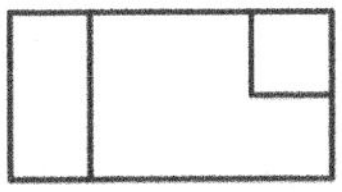

3

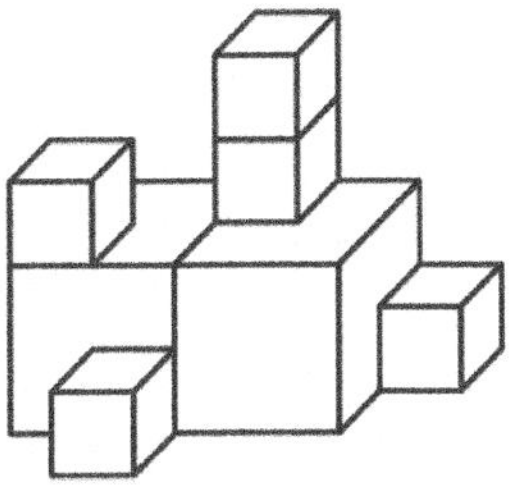

C

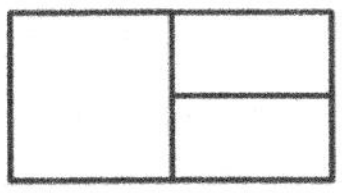

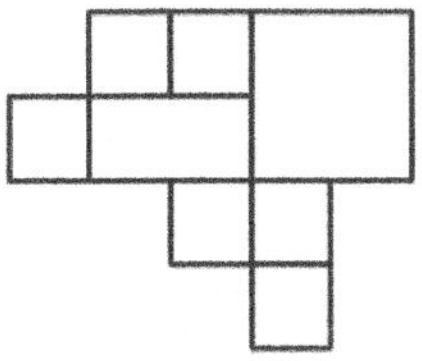

4

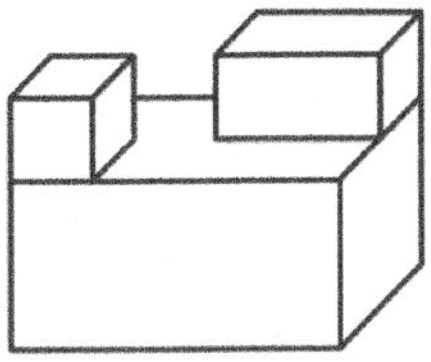

D

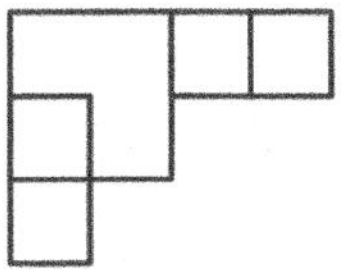

5

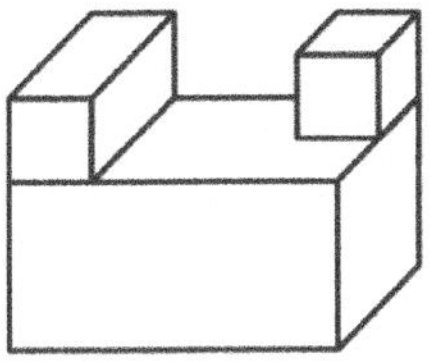

E

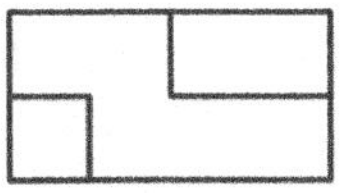

6

F

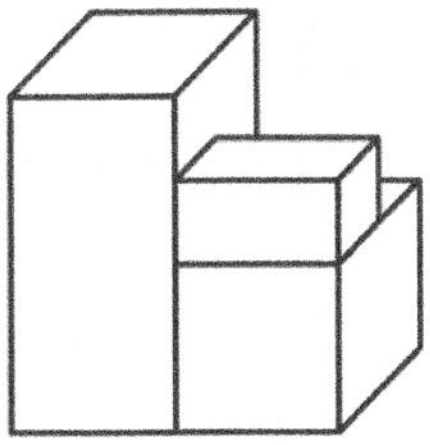

Match the structure on the left with the matching top view on the right

1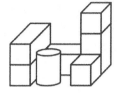

2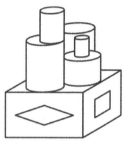

3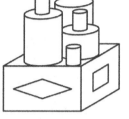

4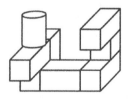

5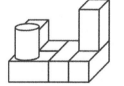

6

A

B

C

D

E

F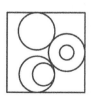

FROM THE TOP!

Match the structure on the left with the matching top view on the right

1

2

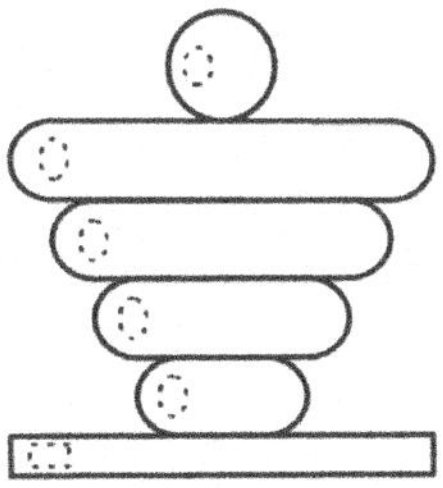

3

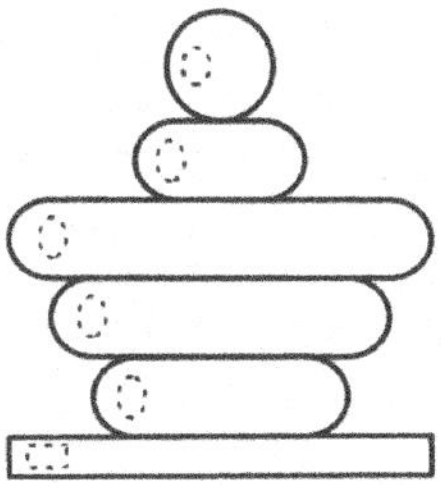

4

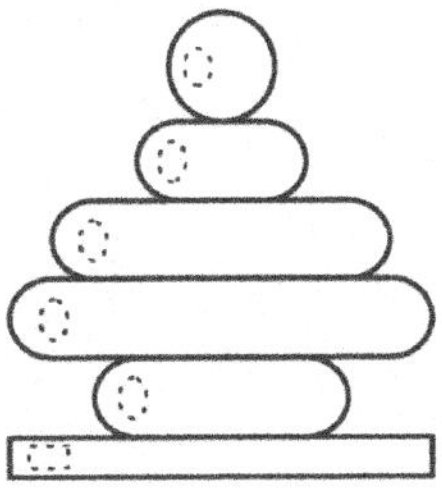

5

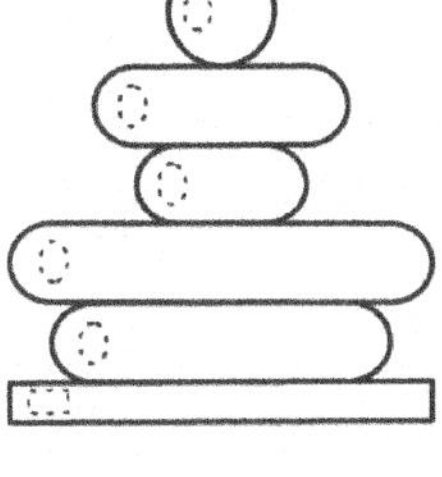

6

A

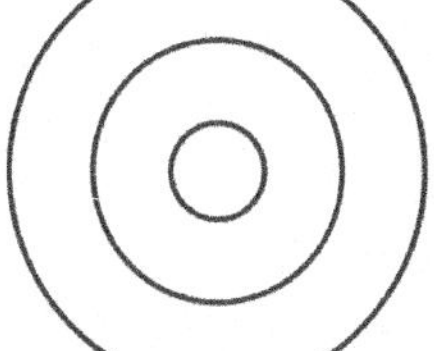

B

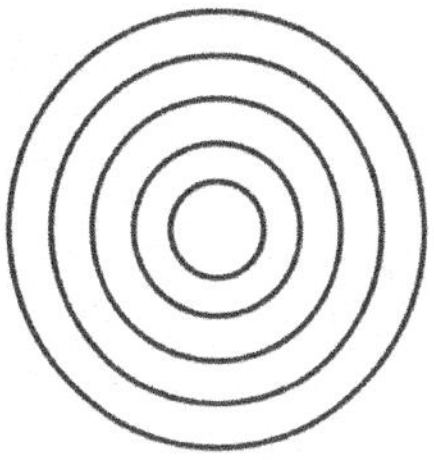

C

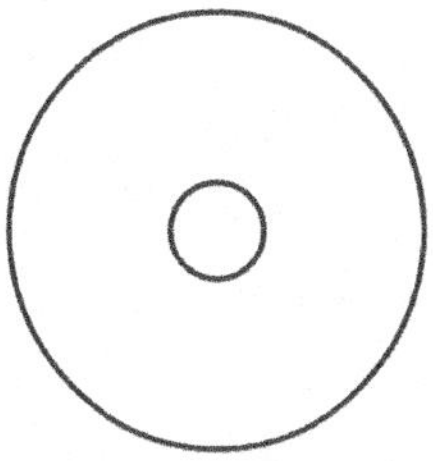

D

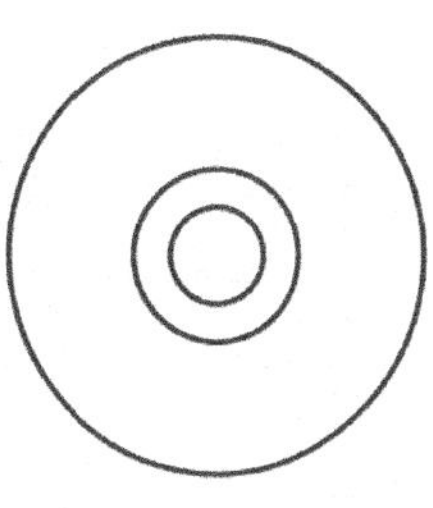

E

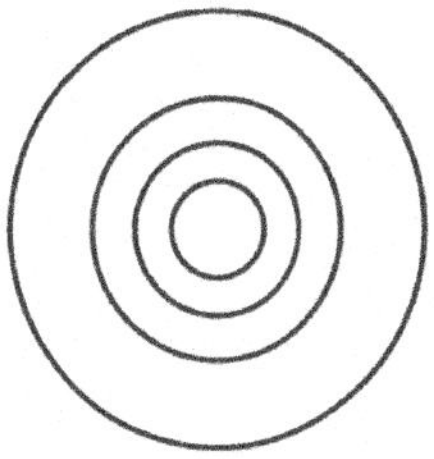

F

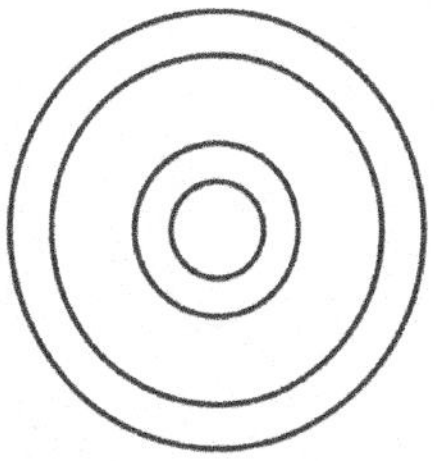

Match the structure on the left with the matching top view on the right **#5**

1 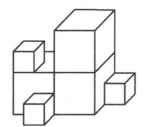　　A

2 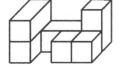　　B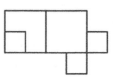

3 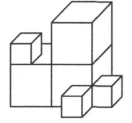　　C

4 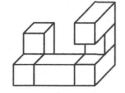　　D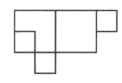

5 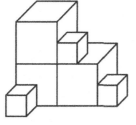　　E

6 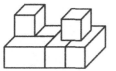　　F

Match the structure on the left with the matching top view on the right **#6**

1 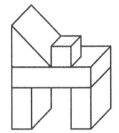   **A**

2 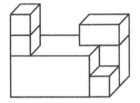   **B**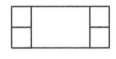

3 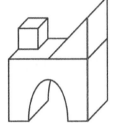   **C**

4 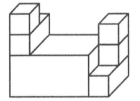   **D**

5 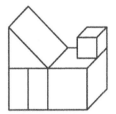   **E**

6 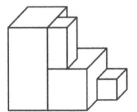   **F**

TRIVIA QUESTIONS

1. How many of the past 35 years (from 2021-1986) has the US stock market had a positive annual return?
A. 15
B. 20
C. 25
D. 30

2. At what age can you start to receive Social Security retirement benefits in the US?
A. 59 1/2
B. 60
C. 62
D. 65

3. Which sea is located in Israel and Jordan?
A. Dead Sea
B. Red Sea
C. Arabian Sea
D. Sea of Sand

4. Gladys West is known for her work leading to which invention?
A. computers
B. GPS systems
C. Internet
D. x-rays

5. Which country has the same name as its capital?
A. Monaco
B. Haiti
C. Ireland
D. Mauritius

6. Which atmospheric layer is closest to the earth's surface?
A. exosphere
B. mesosphere
C. stratosphere
D. troposphere

7. St. Louis Rams hold the distinction of being the first team to:
A. Put their logo on their helmets
B. Not have a mascot
C. Have a mascot
D. Put up a team logo

8. What language has the most words?
A. French
B. English
C. Chinese
D. Hindi

TRIVIA QUESTIONS

9. A tick bite can make you allergic to what food?
A. Red meat
B. Eggs
C. Carrots
D. Apples

10. Nairobi is the capital of which country?
A. Kenya
B. Ukraine
C. Libya
D. Guatemala

11. In what year were the first Air Jordan sneakers released?
A. 1979
B. 1982
C. 1987
D. 1984

12. What company makes the Butterfinger bar?
A. Pepsico
B. Folgers
C. Nabisco
D. Nestle

13. Who claimed he could drive away the devil with a fart?
A. Pope Pius X
B. King Louis IX
C. Martin Luther
D. Napoleon

14. What grows from an acorn?
A. Oak Tree
B. Maple Tree
C. Birch Tree
D. Pine Tree

15. Dorothy Hodgkin won a Nobel Prize for her work in which subject?
A. astronomy
B. genetics
C. geology
D. x-ray crystallography

16. What is the loudest animal on Earth?
A. Elephant
B. Lion
C. Blue whale
D. Sperm whale

TRIVIA QUESTIONS

17. Which country is considered land locked?
A. Greenland
B. Kazakhstan
C. Portugal
D. Pakistan

18. A puffball is a type of what?
A. fish
B. frog
C. fungi
D. parrot

19. In what field did Marie Curie work?
A. astronomy
B. physics
C. geology
D. radioactivity

20. What was the top speed of Concorde in miles per hour?
A. 550 mph
B. 834 mph
C. 1000 mph
D. 1354 mph

21. Saskatchewan is a province of which country?
A. Iceland
B. Russia
C. Finland
D. Canada

22. Which among these countries do NOT border Italy?
A. France
B. Vatican City
C. San Marino
D. Belgium

23. Which civilization invented the wheel?
A. Egypt
B. China
C. Rome
D. Mesopotamia

24. Where would you find the Sea of Tranquility?
A. Caribbean
B. Egypt
C. Europe
D. Moon

TRIVIA QUESTIONS

25. Pope Gregory IX believed which animal aided devil worship?
A. Cats
B. dogs
C. owls
D. rabbits

26. Which country has the largest Muslim population?
A. Indonesia
B. Afghanistan
C. Mali
D. Syria

27. The penny-farthing was a popular type of what?
A. Hula-hoop
B. Flute
C. Bicycle
D. Dance

28. What famous actress once tried to hire a hit-man to kill her?
A. Anne Hathaway
B. Angelina Jolie
C. Helen Mirren
D. Kate Holmes

29. Which among these cities is NOT located in Canada?
A. Quebec
B. Montreal
C. Toronto
D. Edinburgh

30. Which dinosaur had 15 horns?
A. Koreaceratops
B. Kosmoceratops
C. Pachyrhinosaurus
D. Protoceratops

31. Who discovered Australia?
A. Christopher Columbus
B. Robert Scott
C. James Cook
D. James Peterson

32. What is the name of the book written by Bobby Fischer?
A. My System
B. The Inner Game
C. Endgame Manual
D. My 60 Memorable Games

TRIVIA QUESTIONS

33. Edward Jenner created the first vaccine against which disease?
A. chicken pox
B. measles
C. rubella
D. smallpox

34. What were the earliest forms of contraceptive made from?
A. Papyrus Leaves
B. Beetles
C. Wheat
D. Crocodile Dung

35. Which city lies on two continents?
A. Istanbul
B. Baghdad
C. Bursa
D. Adana

36. Who developed the theory of relativity?
A. Marie Curie
B. Albert Einstein
C. Stephen Hawking
D. Isaac Newton

37. What insect has the shortest life span?
A. Fruit Flies
B. Worker Honey Bee
C. Mayflies
D. Spotted Dragonfly

38. Hepatitis is inflammation of which organ?
A. brain
B. kidney
C. liver
D. lung

39. What is the capital of New Zealand?
A. Wellington
B. Auckland
C. Christchurch
D. Napier

40. Which city has the most number of museums?
A. Amsterdam
B. Shanghai
C. Stockholm
D. Milan

TRIVIA QUESTIONS

41. Tim Berners-Lee is credited with the invention of what?
A. computer
B. telephone
C. telescope
D. World Wide Web

42. Which U.S. President served 3 terms?
A. Roosevelt
B. Washington
C. Carter
D. Adams

43. What was J. Edgar Hoover the director of?
A. CIA
B. Homeland Security
C. FBI
D. U.S. Army

44. The largest underground lake in the US is in which state?
A. New York
B. Alaska
C. Tennessee
D. Mississippi

45. Which country produces the most coffee in the world?
A. Colombia
B. Vietnam
C. Mexico
D. Brazil

46. Who composed the music for Sonic the Hedgehog 3?
A. Michael Jackson
B. Billy Joel
C. Bruce Springsteen
D. John McCartney

47. Which country was the Caesar salad invented in?
A. Italy
B. France
C. United States
D. Mexico

48. What year was the internet founded?
A. 1980
B. 1990
C. 1989
D. 1988

57. Who was the last tsar of Russia?
A. Nicholas II
B. Alexander II
C. Paul I
D. Catherine II

58. What was major league baseball's Yogi Berra's real name?
A. Yogi Berrarand
B. Peter Berra
C. Yogi Johnson
D. Lawrence Peter Berra

59. The term malar refers to what part of the human body?
A. cheek
B. feet
C. lung
D. toes

60. What island state was formerly known by the name Formosa?
A. Taiwan
B. The Philippines
C. New Zealand
D. Japan

61. Which among these flags do not have a star?
A. Vietnam
B. China
C. Ukraine
D. USA

62. The world's largest theme park is located in which country?
A. USA
B. Japan
C. France
D. Brazil

63. Parmesan cheese originated from which country?
A. France
B. USA
C. Belgium
D. Italy

64. The Inca Trail is found in which country?
A. Estonia
B. Somalia
C. Peru
D. Cuba

TRIVIA QUESTIONS

49. Which fruit floats because 25% of its volume is air?
A. Pomegranate
B. Honeydew
C. Strawberry
D. Apple

50. Which Tasmanian marsupial is known for its temper?
A. Possums
B. Kangaroos
C. Tasmanian Devil
D. Koalas

51. In Swedish a skvader is a rabbit with what unusual feature?
A. Wings
B. Canine teeth
C. Blue eyes
D. No tail

52. What does the gall bladder produce?
A. adrenaline
B. bile
C. gastric acid
D. insulin

53. The Sudanese Republic is now which country?
A. Mali
B. Guinea
C. Ghana
D. South Sudan

54. What is the outermost layer of the earth called?
A. asthenosphere
B. lithosphere
C. mesosphere
D. outer core

55. What is the most spoken language?
A. Mandarin
B. French
C. English
D. Spanish

56. Which of these animals has the longest gestation period?
A. donkey
B. giraffe
C. hippopotamus
D. polar bear

73. Peaches are the national fruit of which country?
A. Afghanistan
B. Japan
C. Canada
D. Malaysia

74. What is the capital city of Paraguay?
A. Concepcion
B. Tarija
C. Rosario
D. Asuncion

75. What did Spain introduce to Ireland in the late 1500s?
A. Corn
B. Potatoes
C. Tomatoes
D. Beans

76. What was the first fruit that was eaten on the moon?
A. Apple
B. Plum
C. Melon
D. Peach

77. How many eyes does a bee have?
A. Five
B. Two
C. Four
D. Three

78. Which among these countries is located in two continents?
A. Sweden
B. Switzerland
C. Turkey
D. China

79. What's the most populous city in the United States?
A. New York City
B. Los Angeles
C. Chicago
D. Houston

80. Abbey Road is located in which city?
A. Leeds
B. Nottingham
C. London
D. Bristol

TRIVIA QUESTIONS

65. How many noses does a slug have?
A. Two
B. Three
C. None
D. Four

66. Which one of these is the most densely populated city?
A. Brisbane
B. Busan
C. Mumbai
D. London

67. Which city was the U.S. capital from 1785-1790?
A. Boston
B. New York
C. Chicago
D. Denver

68. What is the most earthquake-prone country?
A. Japan
B. Chile
C. Spain
D. Indonesia

69. What is the capital of Singapore?
A. Singapore
B. Jurong
C. Serangoon
D. Tampines

70. Which artist painted Guernica?
A. Pablo Picasso
B. Claude Monet
C. Vincent van Gogh
D. Salvador Dali

71. Which is the world's fastest bird?
A. albatross
B. golden eagle
C. peregrine falcon
D. swift

72. What currency started in issuing in 2002?
A. Euro
B. Yen
C. Franc
D. Ruble

81. Which among these countries do not have a winter season?
A. Japan
B. Panama
C. South Korea
D. Finland

82. What was the Titanic's official job?
A. Deliver mail
B. passenger liner
C. cargo ship
D. carry animals

83. Which of the following pH values indicates an acidic solution?
A. pH1
B. pH7
C. pH10
D. pH14

84. Which country is predominantly Buddhist?
A. Thailand
B. Slovakia
C. South Korea
D. Botswana

85. Which atomic particle is outside of the nucleus?
A. electron
B. neutron
C. proton
D. quark

86. Which country was the first to use flamethrowers in WWI?
A. France
B. England
C. Russia
D. Germany

87. Which country is the least populated?
A. Vatican City
B. Palau
C. Monaco
D. San Marino

88. Who was the first woman to win a Nobel Prize (1903)?
A. Bertha von Suttner
B. Jane Addams
C. Marie Curie
D. Pearl S. Buck

TRIVIA QUESTIONS

89. What kind of an animal is known as a horned toad?
A. A frog
B. A lizard
C. A beetle
D. A toad

90. Which nuts are used to make marzipan?
A. Almonds
B. Walnuts
C. Pine nuts
D. Cashews

91. Which gas makes up 91% of the sun?
A. helium
B. hydrogen
C. nitrogen
D. oxygen

92. Which among these countries was NOT part of the World War I?
A. Switzerland
B. Germany
C. France
D. Japan

93. A light year is a measure of what?
A. acceleration
B. distance
C. speed
D. time

94. How many countries border China?
A. 10
B. 8
C. 14
D. 19

95. What is the most populous city in Canada?
A. Vancouver
B. Toronto
C. Montreal
D. Quebec City

96. Which country has never lost a war?
A. Pakistan
B. North Korea
C. Israel
D. USA

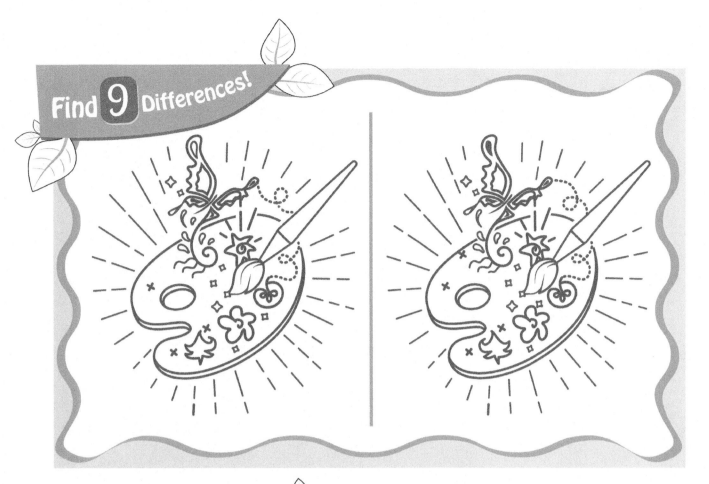

Differences!

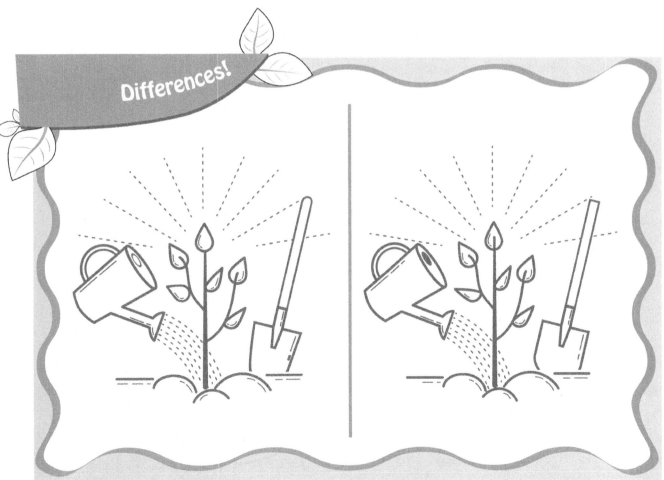

FIND
7
DIFFERENCES

FIND
7
DIFFERENCES

Maze 1 - Medium

Maze 2 - Medium

Maze 3 - Medium

Maze 4 - Medium

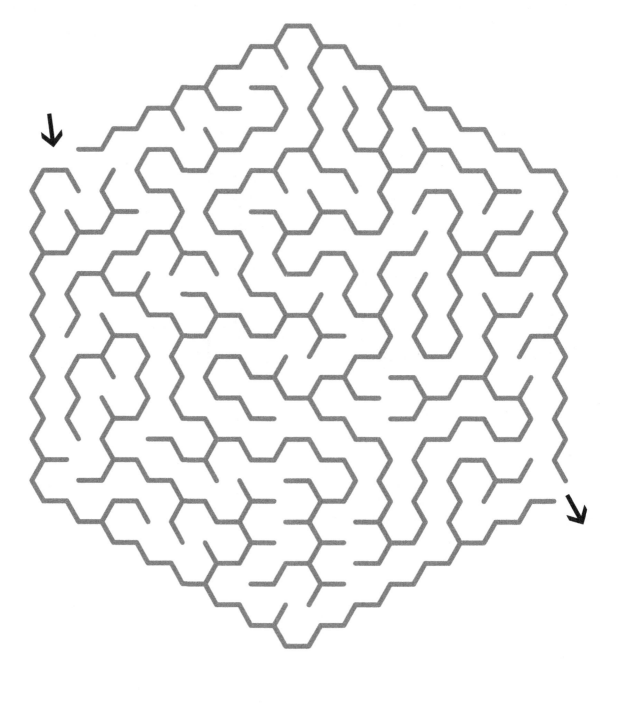

Maze 5 - Medium

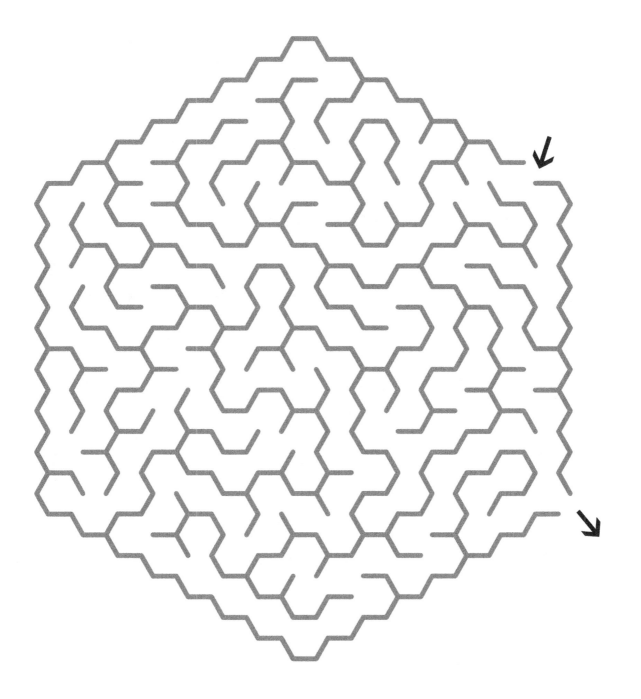

Maze 6 - Medium

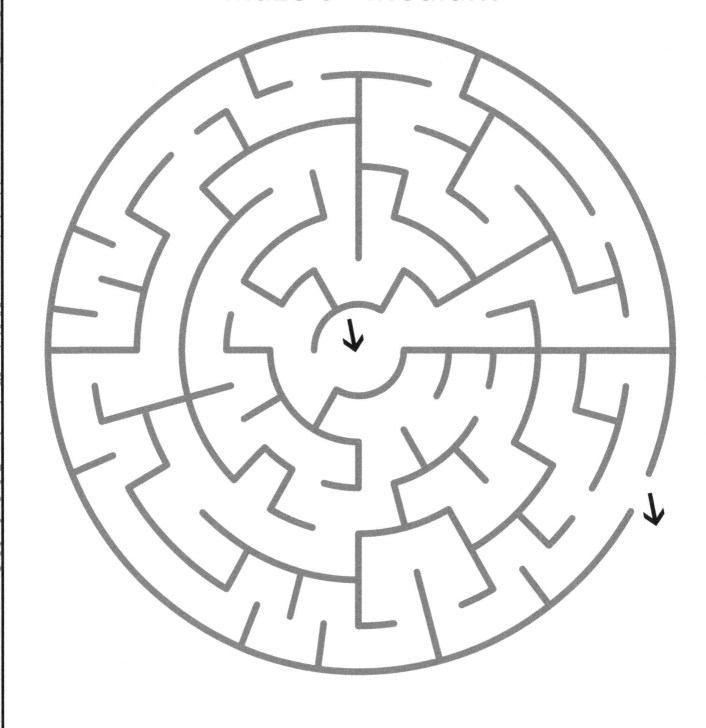

Maze 7 - Medium

Maze 8 - Medium

Maze 9 - Complex

Maze 10 - Complex

Maze 11 - Complex

Maze 12 - Complex

Maze 13 - Complex

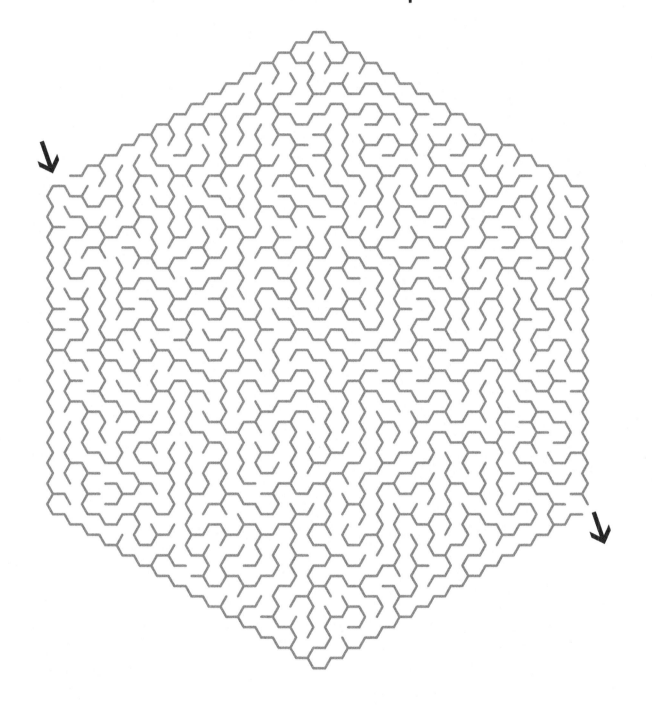

Maze 14 - Complex

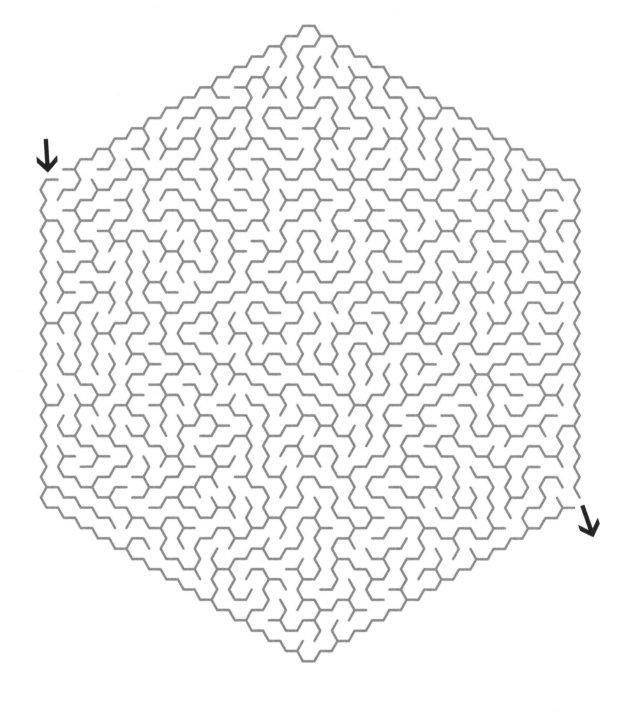

Maze 15 - Complex

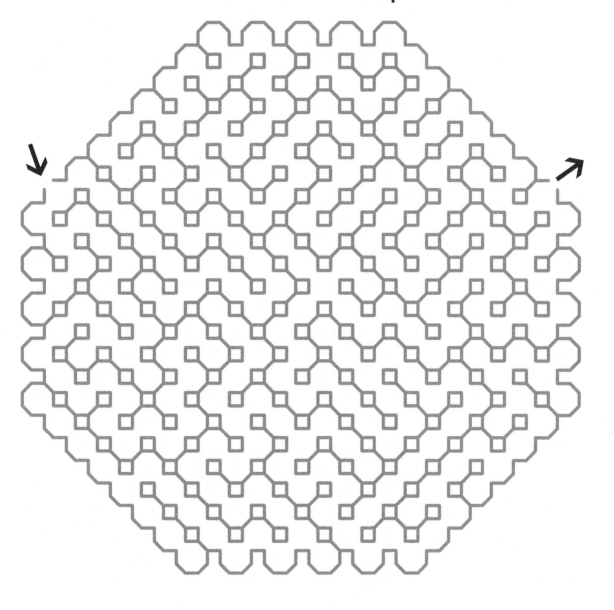

Maze 16 - Complex

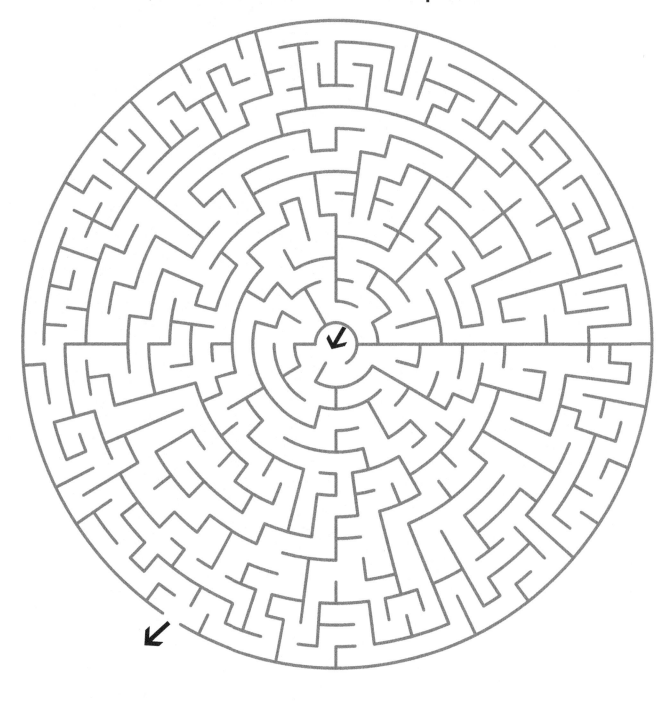

HOW TO PLAY

ABC Path consists of a 5x5 grid. Around the edges of the grid are the letters B to Y. The letter A has been placed.

- The goal is to fill in all the cells so that all letters A to Y appear exactly once.
- Each letter must appear in the row, column, or diagonal corresponding to its clue.
- Each letter must be a neighbor to the letter that comes before and after it.

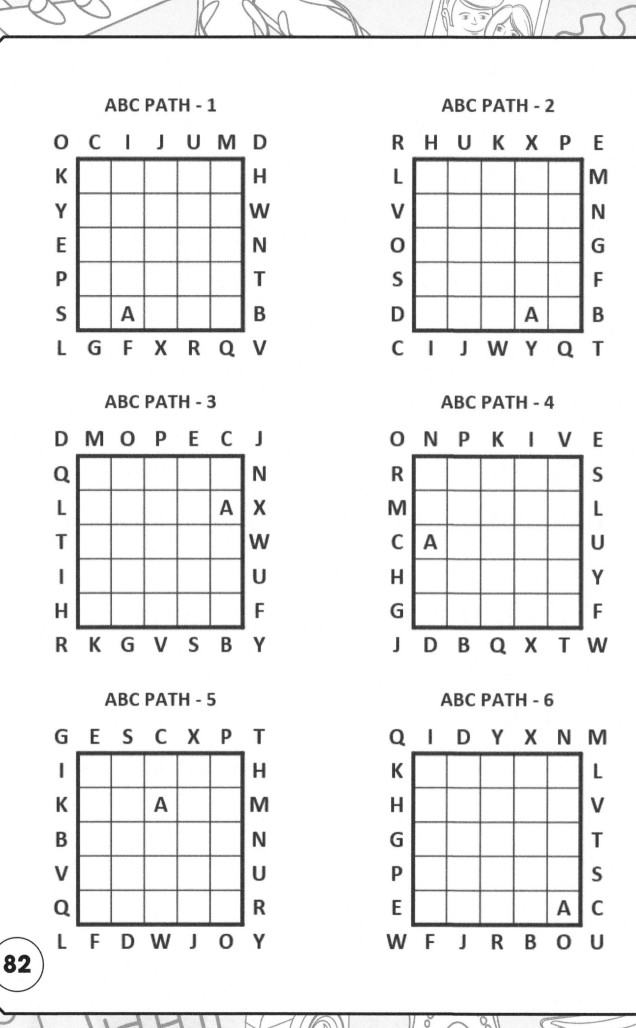

ABC PATH - 1

ABC PATH - 2

ABC PATH - 3

ABC PATH - 4

ABC PATH - 5

ABC PATH - 6

ABC PATH - 7

```
    T  R  U  B  I  E  O
 W ┌──┬──┬──┬──┬──┐ C
 X ├──┼──┼──┼──┼──┤ S
 N ├──┼──┼A ┼──┼──┤ F
 J ├──┼──┼──┼──┼──┤ Q
 K └──┴──┴──┴──┴──┘ L
    D  P  V  M  Y  G  H
```

ABC PATH - 8

```
    X  E  C  G  J  L  S
 F ┌──┬──┬──┬──┬──┐ K
 B ├──┼──┼──┼──┼──┤ I
 M ├A ┼──┼──┼──┼──┤ Y
 T ├──┼──┼──┼──┼──┤ V
 R └──┴──┴──┴──┴──┘ Q
    W  D  U  H  P  N  O
```

ABC PATH - 9

```
    Y  B  S  N  W  H  V
 D ┌──┬──┬──┬──┬──┐ G
 I ├──┼──┼──┼──┼──┤ U
 T ├A ┼──┼──┼──┼──┤ J
 K ├──┼──┼──┼──┼──┤ O
 P └──┴──┴──┴──┴──┘ M
    R  Q  E  F  X  L  C
```

ABC PATH - 10

```
    S  Y  C  M  E  H  W
 D ┌──┬──┬──┬──┬──┐ B
 G ├A ┼──┼──┼──┼──┤ R
 T ├──┼──┼──┼──┼──┤ I
 O ├──┼──┼──┼──┼──┤ J
 L └──┴──┴──┴──┴──┘ V
    Q  X  U  N  P  F  K
```

ABC PATH - 11

```
    Q  F  U  K  L  N  D
 H ┌──┬──┬──┬──┬──┐ M
 J ├──┼──┼──┼──┼──┤ W
 O ├──┼──┼──┼──┼──┤ V
 E ├──┼──┼──┼──┼──┤ T
 C └──┴──┴──┴A ┴──┘ B
    X  G  I  S  Y  P  R
```

ABC PATH - 12

```
    S  H  F  E  N  P  G
 M ┌──┬──┬──┬──┬──┐ K
 J ├──┼──┼──┼──┼──┤ X
 R ├──┼──┼──┼──┼A ┤ V
 U ├──┼──┼──┼──┼──┤ T
 C └──┴──┴──┴──┴──┘ D
    O  I  L  Y  Q  B  W
```

83

ABC PATH - 13

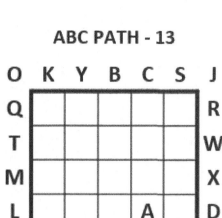

ABC PATH - 14

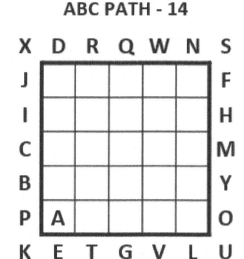

ABC PATH - 15

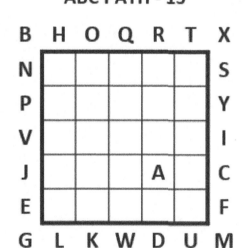

ABC PATH - 16

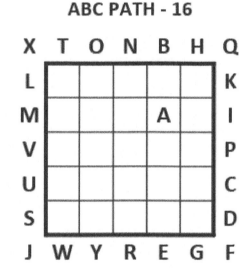

ABC PATH - 17

ABC PATH - 18

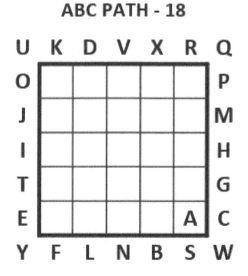

ABC PATH - 19

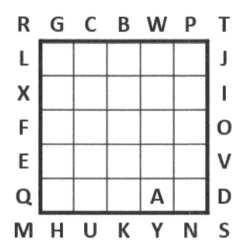

Top: R G C B W P T
Left: L X F E Q
Right: J I O V D
Bottom: M H U K Y N S

(Grid contains: A)

ABC PATH - 20

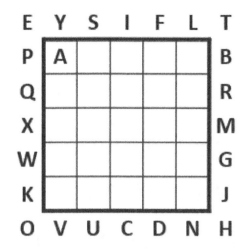

Top: E Y S I F L T
Left: P Q X W K
Right: B R M G J
Bottom: O V U C D N H

(Grid contains: A)

ABC PATH - 21

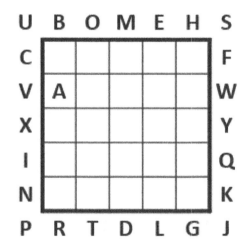

Top: U B O M E H S
Left: C V X I N
Right: F W Y Q K
Bottom: P R T D L G J

(Grid contains: A)

ABC PATH - 22

Top: U H L X B Q O
Left: M P V S F
Right: N J T D E
Bottom: G I W C Y R K

(Grid contains: A)

ABC PATH - 23

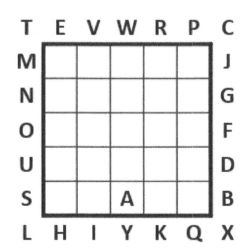

Top: T E V W R P C
Left: M N O U S
Right: J G F D B
Bottom: L H I Y K Q X

(Grid contains: A)

ABC PATH - 24

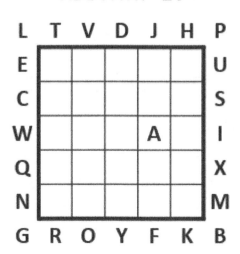

Top: L T V D J H P
Left: E C W Q N
Right: U S I X M
Bottom: G R O Y F K B

(Grid contains: A)

HOW TO PLAY

Tic-Tac-Logic is a single player puzzle based on tic-tac-toe.
Each puzzle consists of a grid containing X's and O's in various places.

The object is to place X or O in the remaining squares so that
1. there are no more than two consecutive X's or O's in a row or column;
2. the number of X's is the same as the number of O's in each row and column; and
3. all rows and all columns are unique.

GRID - 1

O		X			O
	O		O	O	
	O	O			O
O			X	X	
	X	X		O	
	O		X		X

GRID - 2

	X		X		O
O	X			X	
		X	X		X
X					
	O	X		X	X
X		O	X		X

GRID - 3

	X			X	
O		X		X	
O			X		X
	X	O		O	
X				X	O
		O			X

GRID - 4

	X		O		X
X		X		X	
	O	O			O
	X		X	O	
O		X			X
X	X			O	

GRID - 5

	X		O	X	
X			O		X
	X	O		O	X
X		O	O		
	O				X
X	O			X	

GRID - 6

O		O	O		X
	X	O		O	
O	O				X
X			X	O	
	X				O
O		X		O	

GRID - 7

X		O			O
		X	O		
O	O		X		X
	O	O		O	
			O	X	
O	O		O		X

GRID - 8

X		O		O	
O		O	X		O
				X	
	X	O		O	O
	X		O		
X		X		O	X

GRID - 9

O			O	X	
	O		X		
O		X		O	X
	X		O	O	
X	X				
X			X		O

GRID - 10

	O			O	
O	O		X		
		X		X	O
X			X	X	
		X			X
X	X		O	X	

GRID - 11

X	X		O		O
	X	X		X	
O			X	O	
X	X				O
		X	O		
	O	O			X

GRID - 12

X		O		O	
	X			X	O
O		X	X		X
	O				
X		O		X	O
	X	X		O	

GRID - 13

O			X		O
	O		X	O	
O		X			O
O			X		X
	O	X		X	
X		X			X

GRID - 14

	X		X		X
	X		O	X	
X		X			O
		X		O	X
O	X		O		
		X	O		O

GRID - 15

O		X			X
		O		X	O
	O		X		
O	X		X		X
O				X	X
		X	O		

GRID - 16

X		O		X	O
	X		O	O	
X		X			
	O		X		O
		O		X	X
O	O		X		

GRID - 17

O		X		X	
	O		O		X
O		O		O	
	X			X	
O			X		X
X		O		X	O

GRID - 18

O		O			X
	O		X	X	
X		X	O		O
	X				
X	O		X	O	
	X			X	

GRID - 19

O		O		X	
		O	X		O
	O		O	X	
O		X			
	O			X	O
O		X			X

GRID - 20

	O		X		
	O	O		O	X
X		O	O		
	O			X	
X		O	X		O
O		X		X	

GRID - 21

X		X	O		X
	O		O	X	
		O		X	
X			X		O
O		O		X	X
	X		X		

GRID - 22

X			X		O
	O	X		X	
		O	X		O
X	O			O	
		O	O		X
X	X		X		

GRID - 23

O		O		X	
	X		O		O
X			X	O	
	X	X		O	
		O			O
			X	O	

GRID - 24

X			X		
	O		X		X
X		X		X	
	X				O
X			O	O	
		O	O		X

GRID - 25

	O		X		X
X	O		X	O	
		X		X	O
		O			
O	O			X	X
	X		O		O

GRID - 26

	X		O		O
	X	X		O	
O			X		X
	O	O			O
O	X			X	
X		O			X

GRID - 27

	O		X		O
O		O		O	X
O			O		
	X	O		X	
X		X		O	O
O			O		

GRID - 28

O		O	X		
	O	X		O	O
O			O	O	
	O				O
O		O		X	
	O		O		X

GRID - 29

		X	O		O
X		O		X	O
	O		X		
X				X	O
		O		O	
	X	X			X

GRID - 30

O		X	X		X
	O	X		X	
O			O		X
	X	O			
X			O		X
		O		X	

HOW TO PLAY

Sudoku is 9x9 (classic, adult version) grid puzzle game.

The objective is to fill the 9×9 grid with digits so that each column, each row, and each of the nine 3×3 subgrids that compose the grid (also called "boxes", "blocks", or "regions") contain all of the digits from 1 to 9.

You are provided a partially completed puzzle to complete, with a single solution.

Puzzle #1

EASY

4		1		9	5			
	5		8	4		3	1	
		2	6					9
	7	4				5		1
5				3	6		2	
	2	9	7	5			8	4
1	9	7		8				5
					9	1		8
	4	5						

Puzzle #2

EASY

		9	4	1		5		7
			8	6	7			
8	4					6		1
9			6				5	2
7	8				1		4	3
2	5		7	3				8
5								
		3			6			4
		8		9			7	5

Puzzle #3
EASY

	4			5				1
		1		8	9		7	
5	8			3				
2		3	9	4	5			
	6		7	2	3		9	5
7		5					2	
			8		1		5	
	5		3			6	4	
8			5				1	7

Puzzle #4

EASY

8				5	9			2
							3	
	2		7	3		8	5	
5		6	9		3	7		
9					5	4		
	3		6	7				
	7					2	1	6
	9	2		6	7			8
6	4		1	8			9	7

Puzzle #5

EASY

	2					5	4	3
	3	4	2	5				
	4		9				7	6
		7	2	5		4		
6		1			4		3	
2	9		7	3		6	5	
	1			7	2		6	
		2			8	9		4
		6	1	4		3		

Puzzle #6

EASY

4		8	2	9				
3			1				9	
				7	6	3		4
7	3			9		4		
5				8			2	9
	1	9			2		3	
6	2	4		8	7	9		5
	8				5	6		
	3		9	6				

Puzzle #7

EASY

	3	7		2	1			
6	1					2		
			9	7		1	3	
7			2		3		1	
2	8		4	6	9			
		5				6	4	
			1		7		8	6
	7	3	6			4		1
	4	6				9		

Puzzle #8

EASY

	8				4	1		
	5		8	6	7	3		
4	7	2		5		6		9
		4			8	7	5	2
			1	7				3
	6	5	2		3			
5					2			6
	4	8						
6	1			8		2	4	

Puzzle #9

MEDIUM

				5	8	6	1	
	5			9			3	8
		4				9		7
3		6		4			9	
1	9		8		2			4
					5	1		
7	3			8				
	4			1	9		2	3
					4		6	

Puzzle #10

MEDIUM

	5			1			3	
9		3	6		2		5	4
	1	2		3		7		8
3			7				8	
			1				4	7
		6	5	4		3	1	
	9	5			6			3
				9		8	7	
	3					6		

Puzzle #11

MEDIUM

		6	5	4	8	1		
	9				1	5	2	
5				9				8
4				2		3		5
6	3						7	2
		5		3			4	1
			2				5	
					4	8		9
	5		1		9		3	

Puzzle #12

MEDIUM

	2	8			6		9	
3	1	4		2			5	
		5	1	3	7		2	8
			2			6		9
	7	1	9	5	8	2	4	
							8	5
	3						1	
								4
5						8		7

Puzzle #13

MEDIUM

					8		6	3	9
		3	7				4		1
8									
		9	2	1	5		8	7	
5		8					9	1	
		2					5		3
1	8			4					5
6		4				9		2	
	9				7				

Puzzle #14

MEDIUM

9	1						7	6
	2	4	1					3
		7						4
	6			5	9			
2	4				3			
8			2		6			1
3			5		4	6	1	
							2	7
		9		6			4	5

Puzzle #15

MEDIUM

				1	3	5		
8	9		7			4		
6			4		2	1		
	7	2		5	6			1
4	1		2			3		8
		6						
5				3				
						8	1	5
		8			7	6		9

Puzzle #17

HARD

		2		6			5	
	8			1		2		
5			4				3	
8			9					
	1	5				7		
4			2	8				
			7				1	8
				4		6		
		6				3		7

Puzzle #18

HARD

		3		5		6		
					3			2
7		4				1		
						9		3
	8		7					
		9		3	1	7	4	
		7	9	6		5		
		2			8			
5								

Puzzle #19

HARD

				7				4
3			2		1			
	2			9			8	
6			5					
		5				3		7
				8				
			6			2	4	8
		2		3			5	6
7					4			

Puzzle #20

HARD

		4	8					1
				2	7		5	
5	7		3					6
7							6	
	1				5		8	
	9		6					
			5				1	
		2	4		1	7		
				3		8		

CRYPTOGRAM SOLUTIONS

#1 Retirement is a blank chapter in your autobiography.

#2 Retirement isn't life without purpose; it is the time to pursue meaning.

#3 Retirement is the time to follow your dreams.

#4 The foundation of a good retirement is planning.

#5 If you feel too young to retire, congratulations.

#6 Retirement is wonderful. It's doing nothing without worrying about getting caught at it.

#7 Getting old seems to be the only available way to live a long life.

#8 Retirement is waking up in the morning with nothing to do and by bedtime only having half of it done.

#9 Of course I have a retirement plan. I plan to play pickleball.

#10 The only problem with retirement is that you never get a day off.

#11 Retired. Doing what I want when I want.

#12 Every day is employee appreciation day.

#13 This is the beginning of anything you want.

#14 Retirement is not the end. It's the beginning.

#15 You can't retire from being amazing.

#16 What do you call someone who is happy on Monday? Retired.

#17 Retirement takes all the fun out of weekends.

#18 Retired. Knows everything and has plenty of time to tell you about it.

#19 Retirement means you have plenty of time for new adventures.

#20 Retirement is when you stop living at work and start living at working.

#21 There is never enough time to do all of the nothing that you want.

#22 Behind every retired man is a woman wishing he would go back to work.

#23 We make an amazing life by what we give not what we get.

#24 It's better to live rich than to die rich.

#25 Don't take life too seriously; you'll never get out of it alive.

MAZE SOLUTIONS 1- 8

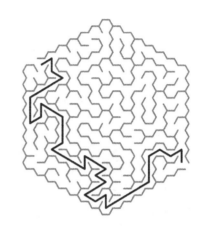

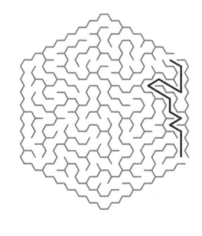

MAZE SOLUTIONS 9- 18

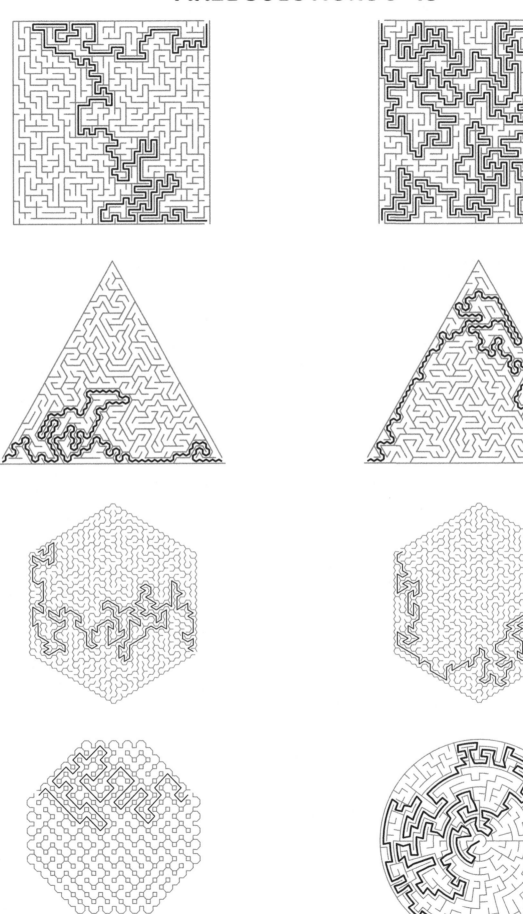

ABC PATH SOLUTIONS 1- 6

ABC PATH - 1

```
O  C  I  J  U  M  D
K  H  I  J  K  L  H
Y  G  W  X  Y  M  W
E  E  F  V  U  N  N
P  C  D  T  O  P  T
S  B  A  S  R  Q  B
   L  G  F  X  R  Q  V
```

ABC PATH - 2

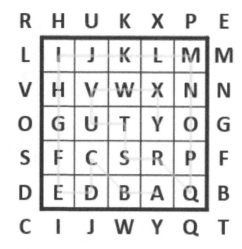

```
R  H  U  K  X  P  E
L  I  J  K  L  M  M
V  H  V  W  X  N  N
O  G  U  T  Y  O  G
S  F  C  S  R  P  F
D  E  D  B  A  Q  B
   C  I  J  W  Y  Q  T
```

ABC PATH - 3

```
D  M  O  P  E  C  J
Q  N  O  P  Q  R  N
L  M  L  X  S  A  X
T  K  W  Y  T  B  W
I  I  J  V  U  C  U
H  H  G  F  E  D  F
   R  K  G  V  S  B  Y
```

ABC PATH - 4

```
O  N  P  K  I  V  E
R  O  P  Q  R  S  S
M  N  M  L  J  T  L
C  A  C  K  I  U  U
H  D  B  H  Y  V  Y
G  E  F  G  X  W  F
   J  D  B  Q  X  T  W
```

ABC PATH - 5

```
G  E  S  C  X  P  T
I  G  H  I  J  L  H
K  F  D  A  K  M  M
B  E  B  C  X  N  N
V  U  V  W  Y  O  U
Q  T  S  R  Q  P  R
   L  F  D  W  J  O  Y
```

ABC PATH - 6

```
Q  I  D  Y  X  N  M
K  I  J  K  L  M  L
H  H  U  V  W  N  V
G  G  T  Y  X  O  T
P  F  S  R  Q  P  S
E  E  D  C  B  A  C
   W  F  J  R  B  O  U
```

ABC PATH SOLUTIONS 7- 12

ABC PATH - 7

```
T R U B I E O
W T V W C D C
X S U B X E S
N R A N Y F F
J Q O M J G Q
K P L K I H L
  D P V M Y G H
```

ABC PATH - 8

```
X E C G J L S
F E F G J K K
B D B H I L I
M A C W Y M Y
T T U V X N V
R S R Q P O Q
  W D U H P N O
```

ABC PATH - 9

```
Y B S N W H V
D D E F G H G
I B C U V I U
T A T Y W J J
K Q S O X K O
P R P N M L M
  R Q E F X L C
```

ABC PATH - 10

```
S Y C M E H W
D B C D E F B
G A S R G H R
T Y T Q P I I
O X U N O J J
L W V M L K V
  Q X U N P F K
```

ABC PATH - 11

```
Q F U K L N D
H H I K L M M
J G J W X N W
O F U V Y O V
E E T S R P T
C D C B A Q B
  X G I S Y P R
```

ABC PATH - 12

```
S H F E N P G
M K L M N O K
J J W X Q P X
R I V Y R A V
U H U T S B T
C G F E D C D
  O I L Y Q B W
```

ABC PATH SOLUTIONS 13- 18

ABC PATH - 13

```
    O K Y B C S J
  Q | O P Q R S | R
  T | N Y W V T | W
  M | M X B C U | X
  L | L J I A D | D
  H | K H G F E | G
    V N P I F U E
```

ABC PATH - 14

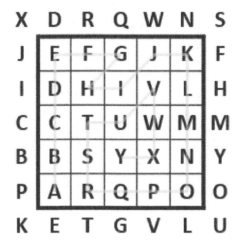

```
    X D R Q W N S
  J | E F G J K | F
  I | D H I V L | H
  C | C T U W M | M
  B | B S Y X N | Y
  P | A R Q P O | O
    K E T G V L U
```

ABC PATH - 15

```
    B H O Q R T X
  N | M N Q R S | S
  P | L O P Y T | Y
  V | I K X V U | I
  J | H J W A C | C
  E | G F E D B | F
    G L K W D U M
```

ABC PATH - 16

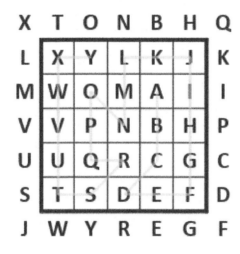

```
    X T O N B H Q
  L | X Y L K J | K
  M | W O M A I | I
  V | V P N B H | P
  U | U Q R C G | C
  S | T S D E F | D
    J W Y R E G F
```

ABC PATH - 17

```
    V G I J O N D
  H | H I J L M | L
  U | G U K O N | K
  P | F T V W P | T
  S | E S R Q X | E
  B | D C B A Y | Y
    M F C R W X Q
```

ABC PATH - 18

```
    U K D V X R Q
  O | K L O P Q | P
  J | J M N Y R | M
  I | I H W X S | H
  T | F G V U T | G
  E | E D C B A | C
    Y F L N B S W
```

ABC PATH SOLUTIONS 19- 24

ABC PATH - 19

```
    R  G  C  B  W  P  T
 L │ H  J  K  L  M │ J
 X │ G  I  X  Y  N │ I
 F │ F  U  S  W  O │ O
 E │ E  T  V  R  P │ V
 Q │ D  C  B  A  Q │ D
    M  H  U  K  Y  N  S
```

ABC PATH - 20

```
    E  Y  S  I  F  L  T
 P │ A  B  C  P  O │ B
 Q │ Y  R  Q  D  N │ R
 X │ X  S  E  F  M │ M
 W │ W  T  G  H  L │ G
 K │ V  U  I  J  K │ J
    O  V  U  C  D  N  H
```

ABC PATH - 21

```
    U  B  O  M  E  H  S
 C │ B  C  D  E  F │ F
 V │ A  U  V  W  G │ W
 X │ R  T  Y  X  H │ Y
 I │ Q  S  M  J  I │ Q
 N │ P  O  N  L  K │ K
    P  R  T  D  L  G  J
```

ABC PATH - 22

```
    U  H  L  X  B  Q  O
 M │ K  L  M  N  O │ N
 P │ J  W  X  Y  P │ J
 V │ I  V  U  T  Q │ T
 S │ H  D  C  S  R │ D
 F │ G  F  E  B  A │ E
    G  I  W  C  Y  R  K
```

ABC PATH - 23

```
    T  E  V  W  R  P  C
 M │ H  I  J  K  M │ J
 N │ G  X  Y  L  N │ G
 O │ E  F  W  O  P │ F
 U │ D  V  U  T  Q │ D
 S │ C  B  A  R  S │ B
    L  H  I  Y  K  Q  X
```

ABC PATH - 24

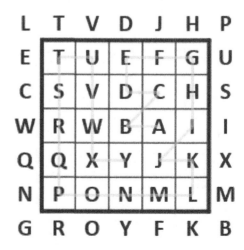

```
    L  T  V  D  J  H  P
 E │ T  U  E  F  G │ U
 C │ S  V  D  C  H │ S
 W │ R  W  B  A  I │ I
 Q │ Q  X  Y  J  K │ X
 N │ P  O  N  M  L │ M
    G  R  O  Y  F  K  B
```

FIND THE DIFFERENCE SOLUTIONS

TIC TAC LOGIC SOLUTIONS 1-6

GRID - 1

O	X	X	O	X	O
X	O	X	O	O	X
X	O	O	X	X	O
O	X	O	X	X	O
O	X	X	O	O	X
X	O	O	X	O	X

GRID - 2

X	X	O	X	O	O
O	X	X	O	X	O
O	O	X	X	O	X
X	X	O	O	X	O
O	O	X	O	X	X
X	O	O	X	O	X

GRID - 3

X	X	O	O	X	O
O	O	X	O	X	X
O	O	X	X	O	X
X	X	O	X	O	O
X	O	X	O	X	O
O	X	O	X	O	X

GRID - 4

O	X	X	O	O	X
X	O	X	O	X	O
X	O	O	X	X	O
O	X	O	X	O	X
O	O	X	O	X	X
X	X	O	X	O	O

GRID - 5

O	X	X	O	X	O
X	O	X	O	O	X
O	X	O	X	O	X
X	X	O	O	X	O
O	O	X	X	O	X
X	O	O	X	X	O

GRID - 6

O	X	O	O	X	X
X	X	O	X	O	O
O	O	X	O	X	X
X	O	X	X	O	O
X	X	O	O	X	O
O	O	X	X	O	X

TIC TAC LOGIC SOLUTIONS 7-12

GRID - 7

X	X	O	X	O	O
O	X	X	O	X	O
O	O	X	X	O	X
X	O	O	X	O	X
X	X	O	O	X	O
O	O	X	O	X	X

GRID - 8

X	O	O	X	O	X
O	X	O	X	X	O
O	O	X	O	X	X
X	X	O	X	O	O
O	X	X	O	X	O
X	O	X	O	O	X

GRID - 9

O	X	O	O	X	X
X	O	O	X	X	O
O	O	X	X	O	X
O	X	X	O	O	X
X	X	O	O	X	O
X	O	X	X	O	O

GRID - 10

X	O	O	X	O	X
O	O	X	X	O	X
O	X	X	O	X	O
X	O	O	X	X	O
O	X	X	O	O	X
X	X	O	O	X	O

GRID - 11

X	X	O	O	X	O
O	X	X	O	X	O
O	O	X	X	O	X
X	X	O	X	O	O
O	O	X	O	X	X
X	O	O	X	O	X

GRID - 12

X	O	O	X	O	X
O	X	X	O	X	O
O	O	X	X	O	X
X	O	O	X	X	O
X	X	O	O	X	O
O	X	X	O	O	X

TIC TAC LOGIC SOLUTIONS 13-18

GRID - 13

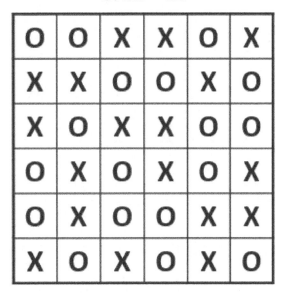

O	X	O	X	X	O
X	O	O	X	O	X
O	X	X	O	X	O
O	X	O	X	O	X
X	O	X	O	X	O
X	O	X	O	O	X

GRID - 14

O	X	O	X	O	X
X	X	O	O	X	O
X	O	X	X	O	O
O	O	X	X	O	X
O	X	O	O	X	X
X	O	X	O	X	O

GRID - 15

O	O	X	X	O	X
X	X	O	O	X	O
X	O	X	X	O	O
O	X	O	X	O	X
O	X	O	O	X	X
X	O	X	O	X	O

GRID - 16

X	X	O	O	X	O
O	X	X	O	O	X
X	O	X	X	O	O
X	O	O	X	X	O
O	X	O	O	X	X
O	O	X	X	O	X

GRID - 17

O	X	X	O	X	O
X	O	X	O	O	X
O	X	O	X	O	X
X	X	O	O	X	O
O	O	X	X	O	X
X	O	O	X	X	O

GRID - 18

O	X	O	X	O	X
X	O	O	X	X	O
X	O	X	O	X	O
O	X	X	O	O	X
X	O	O	X	O	X
O	X	X	O	X	O

TIC TAC LOGIC SOLUTIONS 18-24

GRID - 19

O	X	O	O	X	X
X	X	O	X	O	O
X	O	X	O	X	O
O	X	X	O	O	X
X	O	O	X	X	O
O	O	X	X	O	X

GRID - 20

O	O	X	X	O	X
X	O	O	X	O	X
X	X	O	O	X	O
O	O	X	O	X	X
X	X	O	X	O	O
O	X	X	O	X	O

GRID - 21

X	O	X	O	O	X
O	O	X	O	X	X
O	X	O	X	X	O
X	O	X	X	O	O
O	X	O	O	X	X
X	X	O	X	O	O

GRID - 22

X	O	X	X	O	O
O	O	X	O	X	X
O	X	O	X	X	O
X	O	X	O	O	X
O	X	O	O	X	X
X	X	O	X	O	O

GRID - 23

O	X	O	O	X	X
X	X	O	O	X	O
X	O	X	X	O	O
O	X	X	O	O	X
X	O	O	X	X	O
O	O	X	X	O	X

GRID - 24

X	X	O	X	O	O
O	O	X	X	O	X
X	O	X	O	X	O
O	X	O	X	X	O
X	O	X	O	O	X
O	X	O	O	X	X

TIC TAC LOGIC SOLUTIONS 26-30

GRID - 25

O	O	X	X	O	X
X	O	O	X	O	X
O	X	X	O	X	O
X	X	O	X	O	O
O	O	X	O	X	X
X	X	O	O	X	O

GRID - 26

X	X	O	O	X	O
O	X	X	O	O	X
O	O	X	X	O	X
X	O	O	X	X	O
O	X	X	O	X	O
X	O	O	X	O	X

GRID - 27

X	O	O	X	X	O
O	X	O	X	O	X
O	O	X	O	X	X
X	X	O	O	X	O
X	O	X	X	O	O
O	X	X	O	O	X

GRID - 28

O	X	O	X	X	O
X	O	X	X	O	O
O	X	X	O	O	X
X	O	O	X	X	O
O	X	O	O	X	X
X	O	X	O	O	X

GRID - 29

O	X	X	O	X	O
X	O	O	X	X	O
O	O	X	X	O	X
X	X	O	O	X	O
X	O	O	X	O	X
O	X	X	O	O	X

GRID - 30

O	O	X	X	O	X
X	O	X	O	X	O
O	X	O	O	X	X
X	X	O	X	O	O
X	O	X	O	O	X
O	X	O	X	X	O

TRIVIA ANSWERS

1. 30
2. 62
3. Dead Sea
4. GPS
5. Monaco
6. Troposphere
7. Put their logo on their helmets
8. English
9. Red meat
10. Kenya
11. 1984
12. Nestle
13. Martin Luther
14. Oak Tree
15. X-ray crystallography
16. The sperm whale
17. Kazakhstan
18. Fungi
19. Physics
20. 1354 mph
21. Canada
22. Belgium
23. Mesopotamia
24. Moon
25. Cats
26. Indonesia
27. Bicycle
28. Angelina Jolie
29. Edinburgh
30. Kosmoceratops
31. James Cook
32. My 60 Memorable Games
33. Smallpox
34. Crocodile Dung
35. Istanbul
36. Albert Einstein
37. Mayflies
38. Liver
39. Wellington
40. Amsterdam
41. World Wide Web
42. Roosevelt
43. FBI
44. Tennessee
45. Brazil
46. Michael Jackson
47. Mexico
48. 1989
49. Apple
50. Tasmanian Devil
51. Wings
52. Bile
53. Mali
54. Lithosphere
55. Mandarin
56. Giraffe
57. Nicholas II
58. Lawrence Peter Berra
59. Cheek
60. Taiwan
61. Ukraine
62. USA
63. Italy
64. Peru
65. Four
66. Mumbai
67. New York
68. Japan
69. Singapore
70. Pablo Picasso
71. Peregrine falcon
72. Euro
73. Afghanistan
74. Asuncion
75. Potatoes
76. Peach
77. Five
78. Turkey
79. New York City
80. London
81. Panama
82. deliver mail
83. PH1
84. Thailand
85. Electron
86. Germany
87. Vatican City
88. Marie Curie
89. A lizard
90. Almonds
91. Hydrogen
92. Switzerland
93. Distance
94. 14
95. Toronto
96. Pakistan

ANSWERS - FROM THE TOP

#1 1=B, 2=E, 3=A, 4=F, 5=C, 6=D
#2 1=E, 2=D, 3=A, 4=F, 5=B, 6=C
#3 1=D, 2=B, 3=F, 4=C, 5=E, 6=A
#4 1=B, 2=C, 3=D, 4=F, 5=A, 6=E
#5 1=C, 2=B, 3=D, 4=E, 5=F, 6=A
#6 1=F, 2=B, 3=A, 4=D, 5=C, 6=E

#1 Relishing Pickleball - Solution

#2 Gone Fishing - Solution

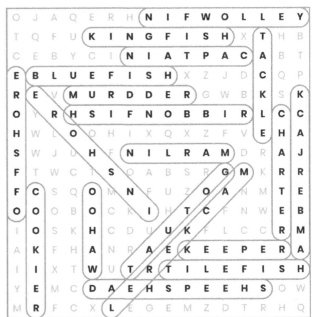

#3 Tee Time - Solution

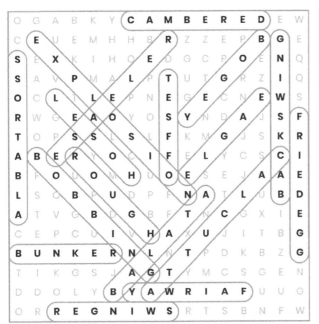

#4 Seas the Day - Cruising - Solution

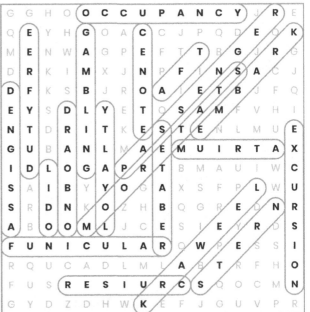

#5 RV There Yet? – Solution

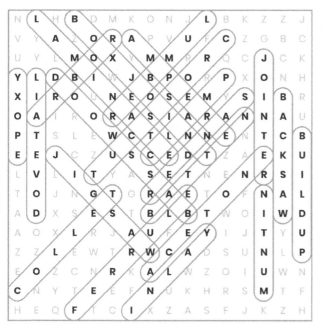

#6 Is there a Senior Discount? – Solution

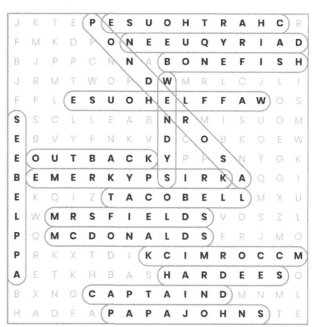

#7 Measure Twice, Cut Once – Solution

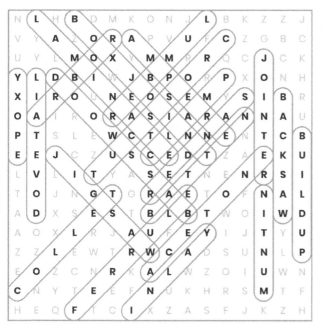

#8 Nap Time – Solution

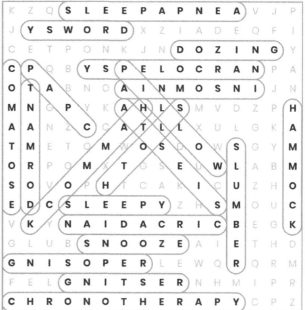

#9 The Artist in me - Solution

#10 Grandkids - Solution

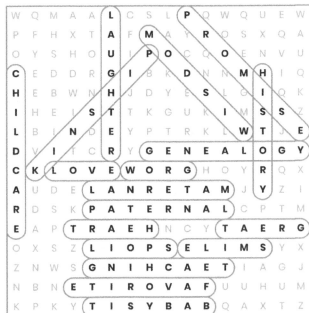

#11 Curling up with A Good Book - Solution

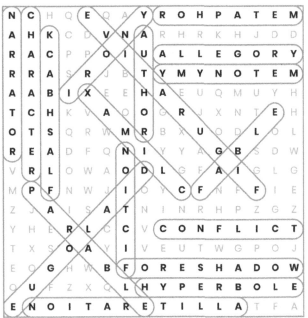

#12 Grilling - Solution

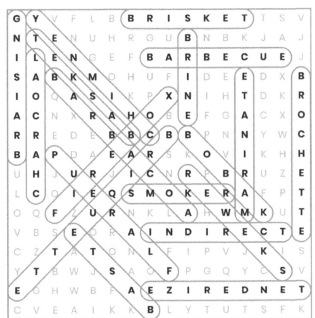

#13 Memories - Solution

#14 Staying Fit - Solution

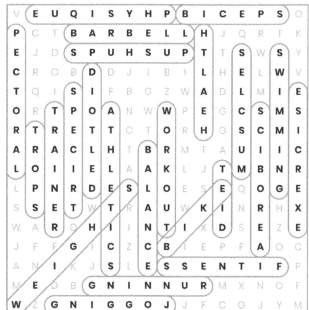

#15 Healthy Eating - Solution

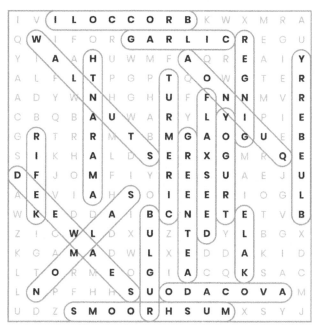

#16 Cooking Class - Solution

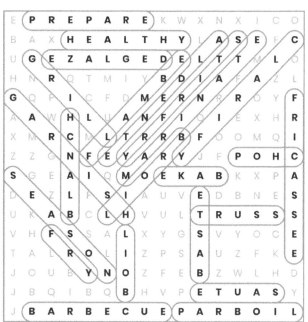

#17 Photography - Solution

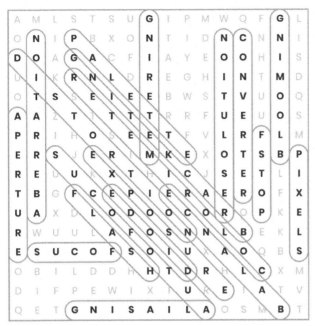

#18 Card Games - Solution

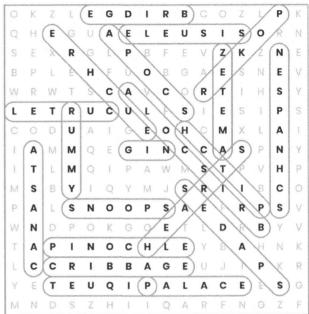

#19 My European Vacation - Solution

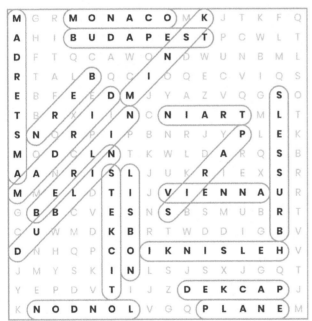

#20 Beach Please - Solution

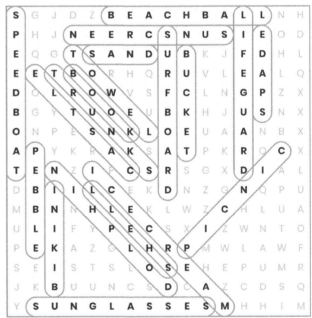

Puzzle # 1

4	3	1	2	9	5	8	7	6
9	5	6	8	4	7	3	1	2
7	8	2	6	1	3	4	5	9
6	7	4	9	2	8	5	3	1
5	1	8	4	3	6	9	2	7
3	2	9	7	5	1	6	8	4
1	9	7	3	8	4	2	6	5
2	6	3	5	7	9	1	4	8
8	4	5	1	6	2	7	9	3

Puzzle # 2

6	2	9	4	1	3	5	8	7
3	1	5	8	6	7	4	2	9
8	4	7	9	2	5	6	3	1
9	3	1	6	4	8	7	5	2
7	8	6	2	5	1	9	4	3
2	5	4	7	3	9	1	6	8
5	9	2	3	7	4	8	1	6
1	7	3	5	8	6	2	9	4
4	6	8	1	9	2	3	7	5

Puzzle # 3

9	4	7	2	5	6	8	3	1
6	3	1	4	8	9	5	7	2
5	8	2	1	3	7	9	6	4
2	1	3	9	4	5	7	8	6
4	6	8	7	2	3	1	9	5
7	9	5	6	1	8	4	2	3
3	7	4	8	6	1	2	5	9
1	5	9	3	7	2	6	4	8
8	2	6	5	9	4	3	1	7

Puzzle # 4

8	6	3	4	5	9	1	7	2
7	5	9	2	1	8	6	3	4
4	2	1	7	3	6	8	5	9
5	8	6	9	4	3	7	2	1
9	1	7	8	2	5	4	6	3
2	3	4	6	7	1	9	8	5
3	7	8	5	9	4	2	1	6
1	9	2	3	6	7	5	4	8
6	4	5	1	8	2	3	9	7

Puzzle # 5

9	2	8	6	1	7	5	4	3
7	6	3	4	2	5	1	8	9
1	4	5	9	8	3	2	7	6
8	3	7	2	5	6	4	9	1
6	5	1	8	9	4	7	3	2
2	9	4	7	3	1	6	5	8
4	1	9	3	7	2	8	6	5
3	7	2	5	6	8	9	1	4
5	8	6	1	4	9	3	2	7

Puzzle # 6

4	5	8	2	9	3	7	6	1
3	6	7	1	5	4	2	9	8
1	9	2	8	7	6	3	5	4
2	7	3	5	1	9	8	4	6
5	4	6	7	3	8	1	2	9
8	1	9	6	4	2	5	3	7
6	2	4	3	8	7	9	1	5
9	8	1	4	2	5	6	7	3
7	3	5	9	6	1	4	8	2

Puzzle # 7

9	3	7	8	2	1	5	6	4
6	1	8	5	3	4	2	9	7
4	5	2	9	7	6	1	3	8
7	6	4	2	5	3	8	1	9
2	8	1	4	6	9	7	5	3
3	9	5	7	1	8	6	4	2
5	2	9	1	4	7	3	8	6
8	7	3	6	9	5	4	2	1
1	4	6	3	8	2	9	7	5

Puzzle # 8

3	8	6	9	2	4	1	7	5
9	5	1	8	6	7	3	2	4
4	7	2	3	5	1	6	8	9
1	3	4	6	9	8	7	5	2
8	2	9	1	7	5	4	6	3
7	6	5	2	4	3	9	1	8
5	9	7	4	1	2	8	3	6
2	4	8	7	3	6	5	9	1
6	1	3	5	8	9	2	4	7

Puzzle # 9

9	7	3	4	5	8	6	1	2
2	5	1	6	9	7	4	3	8
8	6	4	1	2	3	9	5	7
3	8	6	7	4	1	2	9	5
1	9	5	8	6	2	3	7	4
4	2	7	9	3	5	1	8	6
7	3	9	2	8	6	5	4	1
6	4	8	5	1	9	7	2	3
5	1	2	3	7	4	8	6	9

Puzzle # 10

6	5	8	4	1	7	9	3	2
9	7	3	6	8	2	1	5	4
4	1	2	9	3	5	7	6	8
3	4	1	7	2	9	5	8	6
5	8	9	1	6	3	2	4	7
7	2	6	5	4	8	3	1	9
1	9	5	8	7	6	4	2	3
2	6	4	3	9	1	8	7	5
8	3	7	2	5	4	6	9	1

Puzzle # 11

2	7	6	5	4	8	1	9	3
8	9	3	6	7	1	5	2	4
5	4	1	3	9	2	7	6	8
4	1	7	9	2	6	3	8	5
6	3	8	4	1	5	9	7	2
9	2	5	8	3	7	6	4	1
1	8	9	2	6	3	4	5	7
3	6	2	7	5	4	8	1	9
7	5	4	1	8	9	2	3	6

Puzzle # 12

7	2	8	5	4	6	3	9	1
3	1	4	8	2	9	7	5	6
9	6	5	1	3	7	4	2	8
8	5	3	2	1	4	6	7	9
6	7	1	9	5	8	2	4	3
2	4	9	6	7	3	1	8	5
4	3	6	7	8	5	9	1	2
1	8	7	3	9	2	5	6	4
5	9	2	4	6	1	8	3	7

Puzzle # 13

7	2	1	5	8	4	6	3	9
9	5	3	7	2	6	4	8	1
8	4	6	3	9	1	2	5	7
3	6	9	2	1	5	8	7	4
5	7	8	4	6	3	9	1	2
4	1	2	9	7	8	5	6	3
1	8	7	6	4	2	3	9	5
6	3	4	1	5	9	7	2	8
2	9	5	8	3	7	1	4	6

Puzzle # 14

9	1	8	4	3	5	2	7	6
6	2	4	1	9	7	5	8	3
5	3	7	6	2	8	1	9	4
7	6	1	8	5	9	4	3	2
2	4	5	7	1	3	9	6	8
8	9	3	2	4	6	7	5	1
3	8	2	5	7	4	6	1	9
4	5	6	9	8	1	3	2	7
1	7	9	3	6	2	8	4	5

Puzzle # 15

7	2	4	9	1	3	5	8	6
8	9	1	7	6	5	4	2	3
6	5	3	4	8	2	1	9	7
3	7	2	8	5	6	9	4	1
4	1	5	2	7	9	3	6	8
9	8	6	3	4	1	7	5	2
5	6	9	1	3	8	2	7	4
2	3	7	6	9	4	8	1	5
1	4	8	5	2	7	6	3	9

Puzzle # 16

7	2	4	9	1	6	8	3	5
1	9	5	3	4	8	2	7	6
6	3	8	5	2	7	9	1	4
3	8	6	2	5	1	4	9	7
5	7	2	6	9	4	3	8	1
9	4	1	7	8	3	6	5	2
4	6	7	1	3	9	5	2	8
2	1	3	8	6	5	7	4	9
8	5	9	4	7	2	1	6	3

Puzzle # 17

7	4	2	8	6	3	9	5	1
6	8	3	5	1	9	2	7	4
5	9	1	4	7	2	8	3	6
8	6	7	9	5	1	4	2	3
2	1	5	6	3	4	7	8	9
4	3	9	2	8	7	1	6	5
3	2	4	7	9	6	5	1	8
1	7	8	3	4	5	6	9	2
9	5	6	1	2	8	3	4	7

Puzzle # 18

8	2	3	1	5	7	6	9	4
6	1	5	4	9	3	8	7	2
7	9	4	2	8	6	1	3	5
4	7	1	6	2	5	9	8	3
3	8	6	7	4	9	2	5	1
2	5	9	8	3	1	7	4	6
1	3	7	9	6	4	5	2	8
9	4	2	5	1	8	3	6	7
5	6	8	3	7	2	4	1	9

Puzzle # 19

5	6	9	3	7	8	1	2	4
3	4	8	2	6	1	5	7	9
1	2	7	4	9	5	6	8	3
6	7	4	5	1	3	8	9	2
8	1	5	9	4	2	3	6	7
2	9	3	7	8	6	4	1	5
9	3	1	6	5	7	2	4	8
4	8	2	1	3	9	7	5	6
7	5	6	8	2	4	9	3	1

Puzzle # 20

9	2	4	8	5	6	3	7	1
6	3	1	9	2	7	4	5	8
5	7	8	3	1	4	2	9	6
7	8	3	1	9	2	5	6	4
2	1	6	7	4	5	9	8	3
4	9	5	6	8	3	1	2	7
3	4	9	5	7	8	6	1	2
8	5	2	4	6	1	7	3	9
1	6	7	2	3	9	8	4	5

Made in the USA
Las Vegas, NV
12 June 2023